新潮文庫

消された一家

—北九州・連続監禁殺人事件—

豊田正義著

新潮社版

8622

まえがき

その男は「天才殺人鬼」であった。

マンションの一室に男性とその娘を監禁し、多額の金を巻き上げると同時に、通電や食事・睡眠・排泄《はいせつ》制限などの虐待《ぎゃくたい》を加えた。やがて家畜のごとく、男性を衰弱死させた。その後、今度は七人家族を同じ部屋に監禁し、やはり通電やさまざまな制限を加え、奴隷《どれい》のごとく扱った。

七人家族とは、その男の内縁の妻、妻の父親、母親、妹夫婦、甥《おい》、姪《めい》だった。

そして――。

男は、家族同士の殺し合いを命じた。まったく抵抗も逃走もせず、一家はその指示に従い、一人また一人と殺し合いで数を減らしていった。遺体はバラバラに解体された。男はまるでチェスの駒《こま》を進めるかのように、その都度、殺す者と殺される者を指示するだけで、自らの手はまったく汚さなかった。

ついに、男の妻ひとりを残して、一家は全滅した。妻は男からの指示を受け、最後まで忠実に殺す役目をこなしていた。かつては男からの逃走を試みたこともあったが、失敗すると、完全に奴隷となった。男から過酷な虐待を受けながら、数々の凶悪犯罪に手を染めた。そして挙げ句の果てに、家族まで巻き込んでしまったのである。

男の名は、松永太。妻の名は、緒方純子。二人は、福岡県久留米《くるめ》市内の高校の同窓生だった。卒業後に交際を始めて内縁の夫婦となり、詐欺《さぎ》事件を起こして指名手配されてからは、北九州市の小倉で、いくつものマンションを転々としながら逃亡生活を送っていた。そしてそのうちの一つで、「遺体なき密室での監禁大量殺人事件」が起きた。

平成十四（二〇〇二）年三月、最初に殺害された男性の娘が警察に保護されたことで事件は発覚し、松永と緒方は逮捕・起訴された。その後、福岡地裁小倉支部で行われた全七十七回の公判廷では、目を背けたくなるほどの残忍かつ猟奇な犯罪が浮き彫りになった。

平成十七年九月二十八日に判決を迎えるまで、私は裁判の大半を傍聴した。東京―小倉間をその回数ぶん往復したのは、この犯罪史上類を見ない怪事件が全容解明されていく過程を、報道を通じてではなく、自分自身で直接見届けたかったからである。

当初この事件は、松永と緒方が、二人三脚で実行した事件と見られていた。しかし取材をしている地元記者から、「実は緒方も凄《すさ》まじい虐待を松永から受けていたらしい。追いつめられた末に、松永から殺害を指示され、やむなく家族を殺していったようだ」という話を聞いた。そのとき私はなにかストンと落ちるものを感じ、この事件の構造を詳細に知りたい、という欲求に駆られたのである。

夫や恋人から壮絶な暴力を受けた被害者であるはずの女性が、最終的に加害者（共犯者）となって殺人などの凶悪犯罪を犯す。こうした事件の構図を、私は以前から調べていた。中には、保険金を狙《ねら》う内縁の夫から「（前夫との）子供を殺せ！」と迫られ、暴力に耐えきれずに子供を海に突き落としたという、若い母親の痛ましい殺人事件もあった。

「なぜ彼女は逃げなかったのか？」

この種の事件を調べる過程で、かならず沸き上がってくる素朴な疑問である。同様の疑問を抱く裁判官や検察官、弁護人もいるだろう。しかし、私が知るかぎり、「逃げられない心理状態」が、裁判できちんと解明されたことはほとんどない。そればかりか、解明しようという意識さえ見られないことが多い。そして判決では、「逃げようと思えばいくらでも逃げられた」とされ、暴力を振るっていた首謀者と同等の量刑が下されてしまうのだ。

私はこうした裁判のあり方に、違和感を覚えていた。「逃げられない心理状態」のなか、徹底的に追いつめられた末に犯行に及んだのだとしたら、法廷でも当然それは解明されるべきであり、場合によっては、情状酌量が認められるべきではないだろうか。長年にわたる夫婦間暴力（ＤＶ）の取材で、多くの被害者たちから「逃げられない心理状態」の実体験を聞き、また被害者ケアの専門家にも解説を受けたことで、私はこうした思いを強く抱くようになった。

しかしそれにしても、バタードウーマン（ＤＶの被害女性）として逃げられず、追い詰められた末に、自分の親族六人を殺害してバラバラに解体するとは、これまでの取材経験から理解できる範疇《はんちゅう》を遥《はる》かに超えている。いったい緒方純子の心理状態は、どのようなものであったのだろうか。その心の闇《やみ》は、どれほど深いのだろうか。

そして松永太も、前代未聞《みもん》のバタラー（ＤＶの加害男性）である。私がこれまで知る機会のあったバタラーは、大概似通っており、ＤＶ関連の事件では加害者の人物像は想像しやすかった。しかし松永については、その程度の知識で太刀打ちできないのは自明だった。

また、この事件は、ＤＶによって構築された松永と緒方の支配関係が発端となっているが、次々に人が巻き込まれ、松永の支配下に置かれていき、最終的に連続殺人につながっていった。その、どんどんと規模が大きくなっていく過程は、松永が一般的なバタラーから希代の連続殺人犯に「進化」していく過程でもある。松永という人間は何を考え、どのような感情を抱いていたのだろうか。そしていったい、どんな支配方法を編み出していたのであろうか。

私はこの視点を持ちながら、北九州・連続監禁殺人事件の裁判傍聴を続けた。可能なかぎり独自の取材も行った。しかし、少しずつ浮き彫りにされていく事実に身の毛もよだつような戦慄《せんりつ》を覚えるばかりで、それらをどう解釈すればいいのか、皆目見当がつかなかった。

そのとき、ある一冊の本が、突破口を開いてくれた。虐待や監禁被害者の心的外傷(トラウマ)研究の第一人者であるアメリカ人の精神科医、ジュディス・L・ハーマン医師の著書『心的外傷と回復』(中井久夫訳、みすず書房)である。

のちに親しい地元記者に紹介したところ、めぐりめぐってこの事件の担当検察官に行き着いた。私と同じ感想を持ったのだろうか、検察側は「松永と緒方ならびに被害者七人との支配関係」を精神医学的に裏付ける証拠として、裁判所にこの本を提出した。

緒方自身も、同書を拘置所内で読んでいる。法廷で検察官から感想を尋ねられ、彼女は「自分の経験と似ていると思いました。すべて当てはまるわけではないのですが、過去のことが、本のように経験してきたものとして思い出されました」と答えている。

私は、緒方純子を中心とした当事者の証言や供述調書、独自取材で得た関係者の証言を構成して、私なりに捉《とら》えた北九州・連続監禁殺人事件の全貌《ぜんぼう》を本書で描くつもりである。時にハーマンなどの言葉を借りながら、登場人物の行動もみていきたい。無論、残された証人が少なく、謎《なぞ》だらけである事件のすべてが解説できるとは、まったく思っていない。分からない部分は分からないまま、淡々と記述していくつもりだ。それが「現実に起こった」ということを記録に留めておくだけでも、十分に意義があると思うからである。合わせて松永の法廷供述や検察の論告求刑、各弁護団の最終弁論、そして判決をも記録したいと思う。

あらかじめ断っておくが、登場人物には緒方姓が多いので、本書ではファーストネームで記述している。したがって「緒方純子」は「純子」の名で登場する。また、著者の判断により、仮名で表記している人物や建物があることをご了承願いたい。

目次

「北九州・連続監禁殺人事件」の主な経過（※敬称略。年齢は当時）

昭和55年3月　松永太、緒方純子が福岡県内の同じ高校を卒業。
57年1月　家業の布団販売を手伝っていた松永がA子さんと結婚。
57年秋頃　松永と幼稚園教諭だった緒方の交際が始まる。
58年5月　松永が柳川市で㈲ワールド設立。詐欺的手法による布団販売を本格化。
平成4年10月　ワールド社破綻。松永と緒方が北九州市で逃亡生活を始める。
　アパートを仲介した不動産会社社員の服部清志（仮名）と知り合う。
6年10月　松永と緒方が服部の長女恭子（仮名、10歳）を預かり同居を開始。
8年2月　服部清志（34歳）が衰弱死させられる。
9年4月　松永が緒方家の財産を巻き上げ、一家全員を監禁する。
12月　緒方譽（61歳、緒方被告の父）が通電によって殺される。
10年1月　緒方静美（58歳、同母）が絞殺される。
2月　緒方理恵子（33歳、同妹）が絞殺される。
4月　緒方主也（38歳、同妹の夫）が衰弱死させられる。
5月　緒方優貴（5歳、同妹の長男）が絞殺される。
6月　緒方彩（10歳、同妹の長女）が絞殺される。
14年3月　服部恭子（17歳）が松永の元から逃れて事件発覚。
　祖父が被害届を出し、福岡県警が松永と緒方を逮捕。

消された一家

——北九州・連続監禁殺人事件——

第一章　十七歳の少女

悲劇の舞台となった小倉北区のマンションM
（撮影＝南慎二）

年金で暮らしている老夫婦が、孫が訪ねて来るのを心待ちにしている。こんなどこにでもある光景も、午前四時となれば様子が違う。平成十四（二〇〇二）年一月三十日、北九州市門司《もじ》区に住む服部栄蔵と妻の寿子（共に仮名）は、不安でそわそわしながら十七歳になる孫の恭子（仮名）が来るのを待ちわびていた。

その日の未明、恭子から久しぶりに電話があり、「いまおじちゃんが風呂《ふろ》に入っているから電話しているの。朝の五時頃そっちに行くから起きて待ってて」と唐突に告げられた。時間も遅いし何かに脅《おび》えているかのような震えた小声だったので、栄蔵は「どうもおかしいなあ。しかもそんな朝早く来るなんて何があったんだろう」と思った。第一、「おじちゃん」というのが誰なのか解《わか》らないし、恭子がどこで何をして暮らしているのかさえよく知らない。しかし何を聞く間もなく電話は一方的に切られ、老夫婦は心配しながらひたすら待つしかなかった。

午前五時ごろ、玄関のベルが鳴った。栄蔵と寿子が玄関を開けると、ジャンパーとジーンズ姿の恭子がハアハアと息を切らして玄関に入り込み、急いでドアを閉めて鍵《かぎ》をかけ、祖父母の顔を見つめながら、堰《せき》を切ったように激しく泣き出した。

数日間祖父母宅に引きこもり、祖母の手料理をたらふく食べたり、温かな風呂にゆっくり入ったり、好きなだけ寝ているうちに、恭子は落ち着きを取り戻していった。思い出話をしたりペットの子犬を可愛《かわい》がったりして、笑顔を見せるようにもなった。しかし「何かあったのかい？」と祖父母が尋ねると、黙り込んでしまう。

それに、恭子の顔面には痣《あざ》があった。着替えのときに恭子の裸を見た祖母は、全身のところどころにも痣があるのに気づいた。誰かに殴られたのかと尋ねる祖父母に、恭子は「お父さんから叩《たた》かれたの」と答えた。祖父母はびっくりした。「清志（仮名）はとても優しい子だったのに、なんて変わってしまったんでしょう」と寿子は嘆き、栄蔵は「俺が清志を叱《しか》ってやる！　お父さんをここに連れて来い！」といきり立った。しかし恭子は「お父さんは出張が多いから、今はどこにいるかわからない」とだけ答え、それ以上父親については話そうとしなかった。

栄蔵と寿子は、四十歳になる息子の清志の生活についても、全く知らなかった。平成二年に離婚したとき恭子を引き取り、翌年に三人の子連れの独身女性と親しくなって同居生活を始めた。しかし平成六年にそれも解消し、恭子とふたり社宅で暮らし始めたと聞いていた。仕事については、大手の不動産会社の営業マンだったが、同僚と小さな不動産会社を設立して取締役に就いた。その会社も、翌七年には退職したという。それ以降はまったく分からなかった。

栄蔵はこう語る。

「以前はよく会っていたんですが、平成六年の夏頃、妙なことを言い出しました。『競馬で儲《もう》かる話がある。ものすごく優秀なコンピューターの技師がいて、競馬もコンピューターで当ててしまうんだ』というようなことを興奮して話すんです。私は競馬をよく知ってますから、清志の話を聞いて『そんなバカな。おまえみたいに勝負事をしたこともない人間が、そんなことわかるか。騙《だま》されとるんだ』と言ったんですけど、すっかり信じ込んでいて、その技師をすごい人だと褒めちぎっていました。最後に会ったのは、その年の暮れ。疲れきった様子でうちのソファに座り込み、職場でおこった百万円の窃盗事件で犯人だと疑われているけど、絶対にやってないと悩んでいました。清志はそんなことする人間じゃないと私は信じていたんで、警察に行って相談したほうがいいとアドバイスしたけど、その後はどうなったのかわかりません」

寿子のほうは、こう振り返る。

「私は主人よりも多く清志に会っていました。電話で呼び出されて小倉駅の喫茶店で会うと、仕事の資金繰りや生活費に困っているからお金を貸して欲しいと頼んでくるので、年金や預金の中からできるだけ援助してやりました。最後に会ったのは、平成七年の冬。清志はスーツを着ていましたが、身体《からだ》は痩《や》せて顔もやつれていました。何かに脅えるようにオドオドとして周囲を気にしていました。七十万円貸してほしいと言われたので、そんな大金は無理だと断ると、『恥をかかせやがって！』と怒って帰ってしまいました。

その後、清志からは一度も電話がなかったけど、孫の恭子からはときどき呼び出され、小倉駅の喫茶店で会っていました。やはりいろいろと理由をつけてお金をねだってくるので、清志がお金に困って生活費をあげていないのだろうと思い、恭子にできるだけあげるようにしていました。清志については、『東京とか神戸とか札幌とかいろいろな場所に行って仕事している』とか『お小遣いをもらうときぐらいしか会わない』とか『このあいだは博多《はかた》駅でばったり会って、お小遣いもらったよ。頭をスキンヘッドにしていたから笑っちゃった』とか普通に話すんです。自分のことは『博多の美容院で見習いをしている』とか『寮生活をしている』とは言うけど、住所や電話番号については、『いちいち聞くと、もうおばあちゃんに会わんよ！』と怒るんで、それ以上は聞けませんでした。話しているときは明るくて、変な様子は微塵《みじん》もないのに、別れたあとに様子を窺《うかが》っていると、かならず携帯電話や公衆電話で誰かと話をしているんです。それが毎回のことなので、おかしいと思っていました」

恭子が祖父母宅に突然現れ、一緒に暮らし始めてから数週間が経《た》った。すっかり元気を取り戻し、「アルバイトをやりたい」と、近所のレストランの面接を受けて合格した。国民健康保険の加入手続きも祖父母にしてもらい、徐々に新生活の基盤を整えていった。

しかし、事態は急展開する。

そのきっかけは、恭子が伯母（清志の姉）の雅子（仮名）を訪ねたことだった。恭子とは以前からときどき会っていた、と雅子は振り返る。

「恭子の住所や電話番号を知らなかったので、会うときはいつもむこうから連絡がありました。新しい携帯電話を買いたいから名義を貸して、と頼まれることが多かったです。一緒に店に行っても、恭子は私の免許証を持って『おばちゃんは外で待ってて』と、一人で申し込みをするんです。住所や電話番号を見られたくなかったんでしょうね。二、三ヶ月に一回は新機種に取り替えて電話番号も変えていました。ぜんぶ私の名義で、多いときには十一台ぶんの契約をしていました」

その日の用件は、新規の銀行預金通帳を作りたい、とのことだった。雅子は快く引き受けて一緒に銀行に行き、手続きを済ませて預金通帳を渡した。

するといっても、「雅子ちゃん、久しぶりやね。宮崎だよ。いま小倉に帰っているんだ。実は確認したいんだけど、恭子ちゃんに頼まれて預金通帳を作らなかったか？」と電話がかかってきた。

「宮崎」と名のる男は雅子の恋人で、結婚の約束をしていたが、宮崎の仕事が多忙だからと、ほとんど逢《あ》っていなかった。彼について、雅子はこう語る。

「平成六年の夏頃、まだ不動産会社で働いていた清志と、久しぶりにレストランで会いました。事業を興《おこ》すのに資金がいるということで、三十件ぐらいの消費者金融会社のリストを差し出されて、一件ずつ電話をかけて少しでもいいから借りてほしいと頼まれました。仕方なしに順番に電話をかけて、一件だけ十万円を貸してくれたので、全額を清志に渡しました。

そのとき清志といっしょに宮崎さんがきて、初めて会いました。きちっとスーツを着て眼鏡をかけて、真面目《まじめ》そうな人でした。三十一歳と言っていました。清志のことを『所長』と呼んでいて、清志も『お姉ちゃん、この人はすごいんだよ』と話していました。東大卒の優秀なコンピューター技師、小説も書いている、兄は東大卒の医者で東京で病院を開いている、京都に高級マンションを所有している、アメリカの永住権を持っている、ときどきＮＡＳＡの研究所に呼ばれる……次々にすごい話が出てくるんです。最初は本当かな、と思いましたけど、誠実そうな人だと感じたし、話も具体的で嘘《うそ》だとは思えませんでしたので、すごい偉い人なんだと信じ込んでしまいました」

レストランで出会った後、宮崎はすぐに雅子をデートに誘った。雅子はその頃、夫の浮気によって離婚を考えていたので、喜びいさんで出かけた。

「何度かデートをしましたけど、いつもきちんとスーツを着ていて、とても優しくて話もおもしろかったです。恥ずかしそうにするときも多かったですね。清志から『銀座の高級クラブに行けば宮崎さんは先生って呼ばれるんだぞ』と聞いていたので、てっきりプレイボーイだと思っていたら、『研究一筋で来ましたから、ぜんぜん女性慣れしていないんです。特にホステスは苦手で、接待で高級クラブに連れていかれてホステスが隣に座っても、あっちに行ってくださいと、追い払うくらいなんですよ』と真顔で言っていました。デートではカラオケをすることが多かったです。彼の十八番《おはこ》は、尾崎豊の『I LOVE YOU』と徳永英明の『壊れかけのRadio』でした。うっとりするくらい上手なんです」

やがて雅子の離婚が成立すると、宮崎はさっそく結婚を申し込み、雅子は喜んでプロポーズを受け入れた。雅子には借金があったが、宮崎は「僕が全額支払う」と約束した。実際、雅子に対し、宮崎は金銭の援助を惜しまなかった。テレビが壊れてしまったと言えば、「これで新しいものを買いなよ」と、すぐさま現金を渡すほどの気前の良さだったのである。

しかしデートの回数は段々と減っていき、ほとんど逢わなくなった。雅子は何ヶ月間も逢えないのは寂しかったが、忙しい人だからと我慢していた。それに宮崎は、ときどき電話をくれた。その内容が秀逸である。

「『いま筑波《つくば》大学で集中講義をしている』とか『銀行のコンピューター管理室に籠《こも》っている』とか『NASAの研究所でロケット製造に関わっている』とか……。『いまどこから電話していると思う？　潜水艦の中からだよ』と言われたこともありました。事件が発覚して刑事さんにその話をしたら、海底から電話できると思うのか、と大笑いされましたけど、最初の印象があまりに良かったから、そんな馬鹿話《ばかばなし》も信じてしまうんですよ。『今から潜水艦の壁を叩くね』と言われて、コンコンコンと受話器から聴こえてくると、本当なんだと。アフガニスタンで戦争があった時期にも久しぶりに連絡があって、ミサイル技師としてアメリカ軍から招かれて、アフガニスタンの戦場に行っていたと話していました。その後カラオケボックスで逢ったとき、『子供達が殺される場面をたくさん見た。戦争は嫌だ』と涙ぐむんで、それもすっかり信じてしまいました」

そして宮崎は雅子に、恭子が十八歳になるまで面倒を見てほしい、と清志から頼まれていると話していた。日本中、世界中の出張先から宮崎が毎月二十五万円の養育費を仕送りし、「森さん」という中年女性が養育係として、恭子と一緒に暮らしているという。雅子はその話を聞いて、金がない清志にかわって養育費を立て替えてくれている宮崎に感謝した。恭子も当時、「宮崎のおじちゃんと森のおばちゃんが親切にしてくれる。すごく感謝している」というようなことを言っていたという。

恭子の預金通帳を作成したことで、宮崎から電話を受けるとはまったくの予想外であったが、とにもかくにも久しぶりの電話だったので、雅子は喜びを隠せなかった。

しかし宮崎は、神妙な声でこう言うのだ。

「実は恭子ちゃんのことで大変困っているんだ。恭子ちゃんが僕のカバンから百五十万円を盗んで、それが所長にわかって、恭子ちゃんはボコボコにされたから逃げ出してしまった。知り合いの福岡管区警察署の幹部に捜査してもらったから、詳しい捜査情報がどんどん入ってくるんだけど、恭子ちゃんは不良グループに入っていて、覚醒《かくせい》剤《ざい》の運び屋をやっている可能性もあるということなんだ。このままだと本当にまずい。僕も所長にひどく叱られてしまう。いま恭子ちゃんはおじいちゃんの家にいるらしいけど、連れ戻すために協力してほしいんだ」

雅子は気が動転していたこともあって、この話を鵜呑《うの》みにし、恭子の連れ戻しの協力を引き受けた。「ついでにそのとき御両親に僕たちの結婚の挨拶《あいさつ》をしよう。一石二鳥とはまさにこのことだね」と言われたことで、ますます宮崎の言うがままになってしまった。

そして恭子が逃亡してから約半月後の二月十四日の夜、宮崎との打ち合わせ通り、雅子は実家に赴いた。居間でテレビを観《み》ていた恭子は、雅子の姿を見ると血相を変えて、「おじちゃんから何か連絡あった？」と訊《き》いてきた。「ねえ、連絡あったの、どうなの？　教えて！」としつこく訊かれても、「ううん、ぜんぜんないわよ」と雅子はとぼけた。恭子のあまりの動揺ぶりを見て「清志にばれたら怒られるからだろう」と思ったという。

雅子はしばらく経ってから携帯電話をかけた。

「もしもし、ママだけど、もう少しおばあちゃんの家にいるから、先に寝ていてね」

子供に話しかけているように装《よそお》ったが、電話の相手は、近くに待機していた宮崎であった。「今から帰る」は恭子がいないという合図、「もう少しいる」はいるという合図、と示し合わせていたのである。

雅子が鍵を開けておいたため、宮崎は突然玄関を開けると靴を脱ぎ、勝手に室内に入ってきた。栄蔵と寿子が仰天していると、スーツ姿の宮崎はすかさず居間の入口で土下座をして「これは大変失礼なことを致しました。わたくしは宮崎と申します。清志さんにはいつも大変お世話になっております。わたしは恭子ちゃんが十八歳になるまで面倒を見るよう、清志さんから頼まれているんです。恭子ちゃんが清志さんに怒られたあとに家出をしてこちらに来ていると知り、お迎えに参りました。また雅子さんとは結婚を前提に交際させていただいておりますので、ぜひ御挨拶をさせてくださ い」と、よどみなく述べた。

栄蔵と寿子は、礼儀正しい宮崎に、すっかり気を許してしまう。「わざわざお越し下さって。そんなかしこまらないで寛《くつろ》いでいってください」と、居間のソファに通してお茶を出した。

そのとき、風呂《ふろ》上がりの恭子がパジャマ姿で居間に現れた。「やあ、恭子ちゃん、お迎えに来たよ」と気さくに声をかける宮崎をみた途端、恭子の顔面から血の気が引き、ぶるぶると震え始めた。心配している祖父母に、宮崎はすかさず「恭子ちゃんは清志さんが怖いんですよ。万引きとかシンナーとか悪いことをしてボコボコに殴られたんで、またやられるんじゃないかと不安なんでしょう」と口添えをした。

栄蔵と寿子は、すぐに宮崎の巧みな話術に引き込まれていった。寿子はうどんをこしらえ、宮崎も雅子にビールを買いに行かせて、「おじいちゃんも一杯やってください」と栄蔵にお酌をした。そして立て板に水のごとく、しゃべりまくった。宮崎が清志のことを「所長、所長」と持ち上げるのを聞いて、栄蔵と寿子は息子の出世を嬉《うれ》しく思ったという。

「所長はいますごく羽振りがいいんですよ。東京や神戸や札幌を飛び回って仕事してます。各地にたくさん部下がいて、いつも何人も引き連れて堂々と歩いていますよ」「最近は頭をつるんとスキンヘッドにしていますから、ヤクザの親分みたいなんですけど、それぐらいの実力を持ちつつあるんです」「こっそり教えますけどね、所長は何人もの女性を囲っていて、みんなにお店を持たせているんですよ」「雅子ちゃんには、とりあえず僕の京都のマンションで暮らしてもらうつもりです。そのあと僕の仕事が一段落したら盛大に結婚式を挙げましょう」「仕事が忙しいからまだ指輪を買いに行っていなくて、雅子ちゃんには申し訳なく思っています。でも近々、高級宝石店に連れていくつもりです。ね、いっしょに行こうね、雅子ちゃん」……。

栄蔵も寿子も雅子も、これらの話をすっかり信じ込んだ。一方、恭子はというと、居間の椅子《いす》に座り込み、うつむきがちに黙り込んでいた。

深夜一時頃。「そろそろ帰ります。恭子ちゃん、いっしょに行こう」と宮崎が切り出しても、恭子は無言で視線を床に落としたままだった。栄蔵が両腕をつかんで立ち上がらせようとしても、椅子の端を両手でつかんで必死に抵抗する。ようやく立たせると、今度は床にしゃがみ込み、宮崎に対して「ごめんなさい、ごめんなさい」と泣きながら謝りはじめた。

「十八歳になったら恭子ちゃんの好きなようにすればいいんだから」と優しくなだめていた宮崎だが、「こんなに嫌がってるんで今日はここに泊まらせて、明日わたしが連れていきます」という栄蔵の申し出には、語気を強めて断った。そこで栄蔵が、「今日は帰しますが、明日私が恭子を迎えに行くことでいいですか?」と提案すると、宮崎は了承し、電話番号を書いたメモを渡してきた。

幾分か落ち着いた恭子は、寿子と寝室に入り、パジャマから私服に着替えた。荷物をまとめ終わると、バッグからメモ用紙を取り出して急いで何かを書き、小さく折り畳み、「あとで読んで」と寿子に渡した。雅子の車で帰る恭子たちを見送ってからメモ用紙を開くと、「おじちゃんの話はぜんぶうそ　かならずむかえに来て」とある。栄蔵と寿子は「帰すんじゃなかった!」と後悔したが、後の祭りだった。

一方、宮崎と恭子と雅子は、小倉に向かう国道沿いのファミリーレストランに入った。宮崎は「やっぱりおばちゃんといっしょにいるのがいいよね」と、携帯電話で誰かを呼び出した。やがて現れた四十歳ぐらいの小柄な女性が「恭子ちゃん久しぶりやね。心配しとったんよ」と微笑《ほほえ》みながら隣に座っても、恭子は何も言い返さず、うつむいて黙っている。

宮崎は雅子に、その女が恭子の面倒を見ている森で、とても熱心に養育をしてくれる彼女を全面的に信用していると紹介した。また、森に対しても「僕のフィアンセの雅子ちゃん。所長のお姉さんだよ。雅子ちゃんの実家に行って、御両親に結婚の挨拶をしたんだ。とても喜んで祝福してくれたよ」と告げた。

森は照れている雅子に「すごいですね。うらやましいですよ」と声をかけ、さらに宮崎が雅子の目を見つめて「本当に久しぶりに逢ったけど、最初に逢ったときからずっと気持ちが変わらないのはすごいことだよ。運命的だね」と語りかけた。雅子はすっかり気分を良くして、「僕たちはもう少しここで話し合っていくから先に帰っていいよ」と宮崎から言われると、青ざめた顔をした恭子を残したまま、一人帰途についた。

翌日。栄蔵が宮崎からもらった番号に電話を掛けると、落ち着いた声の女性が応対に出た。宮崎との約束を告げると、「そういう話は聞いておりません。どっちみち恭子ちゃんは朝から博多の美容院の寮に行って、しばらく帰ってきませんから無理です」と淡々と答えて電話を切った。栄蔵はここでも「騙《だま》された！」と後悔した。

それから数日後、祖父母宅に恭子から電話が掛かってくる。「大丈夫なのかい？　つらい目に遭っているなら、またこっちに逃げておいで」と心配する栄蔵に、恭子は突然、別人のように乱暴な口調で罵倒《ばとう》しはじめた。その様子を栄蔵が振り返る。

「私どもが国民健康保険の手続きをしてやったことについて『余計なことしやがって！』『すぐに取り消す手続きをしろ！』とボロクソ言うんですよ。自分から頼んできて、手続きをしたときにはとても喜んでいたのに。それで私は、言わされているのだと思いました。話し方もすごく変でした。私が話したことを恭子はオウム返しに繰り返して、少し間を置いてから文句を言うんです。隣に誰かがいて、何を言うか指示されているのだと思いました。家内も恭子と話して健康保険のことを言われ、なんて恩知らずなのか、と怒り出してしまったんで、諫《いさ》めたんです。それからは恭子のことが心配で心配でたまりませんでした」

ふたたび恭子から連絡がくるのを心待ちにしながら半月以上が過ぎ、もう逃げられないのかと諦《あきら》めかけていた三月五日の夜十二時頃、電話があった。

「明日の朝、また出ていくから。五時ごろに電話する」

恭子は小声の早口でそう伝えると、電話は切れた。

栄蔵と寿子は四時頃に起きて連絡を待っていたが、五時、五時半、六時になっても電話はない。失敗したのかと思い始めた六時過ぎ、電話が鳴った。「小倉の国道沿いにある○○という建物の駐車場にいる」。電話口で恭子は、ハアハアと息を切らしていた。

海岸通りを車で飛ばし、栄蔵と寿子が三十分ほどで指定された場所に着くと、最初に逃げてきたときと同じジャンパーとジーンズ姿の恭子が、駐車場の隅っこでキョロキョロしながら立っていた。そして祖父母の車に気づくと、泣きべそをかきながら全力で走ってきて、後部座席に乗り込んだ。

自宅に戻ると、栄蔵は寿子を降ろし、恭子を助手席に乗せて山林のほうへ赴いた。静かな場所に車を停め、缶ジュースを飲みながらゆっくり話を聞き出そうとしたが、恭子は何を訊かれてもはっきり答えない。「かまをかけてみよう」と思った栄蔵は、こう問い掛けた。

「恭子、お父さんは死んでしまって、もうこの世におらんのだろ？」

すると、黙り込んでいた恭子の目から涙が流れてきて、急に激しく泣き出し、「お父さんは殺された！」と叫んだ。

驚いたのは、栄蔵である。

「『それは殺人事件じゃないか！』とびっくりして、すぐに警察署に行きました。恭子はおびえた様子でしたが、婦警さんがうまく落ち着かせて話を引き出してくれました。私も聞いていたんですけど、あまりにひどい内容なのでぜんぜん信じられなかったです。『足の爪《つめ》を自分で剝《は》がさせられた』と言うんで、靴下を脱がせてみたら、本当に剝がれていて薄い膜が張っている。それでも信じられず、思わず『うそだろ』と言うと、『うそじゃない！』と泣き出すんですよ。それくらいのことでもそんな感じですから、清志が殺された話については、もうわけがわからんと言うか、とても現実の出来事とは思えませんでした。刑事さんも『お孫さんの言ってることがおかしい』と疑っていて、『もし本当なら前代未聞《みもん》の事件だ』と言っていました」

恭子は病院で治療を受けた後、警察署に泊まって詳細な事情聴取を受けることになった。そしてやはり、祖父母宅にはすぐに宮崎が現れた。

「恭子ちゃんが帰ってきましたよね？　どこにいるんですか？」と聞く宮崎に、「いったん帰ってきましたけど、すぐに出掛けました。友達の家かもしれませんが、詳しくはわかりません」と栄蔵はしらを切る。「連れて帰らないと所長から怒られますし、恭子ちゃんもボコボコに殴られますよ」と前回同様に繰り返す宮崎と、知らないと言い通す栄蔵。すると宮崎は一転して、「わかりました。それなら恭子ちゃんと縁を切ってもいいです。実は僕もそれを望んでいたんです。恭子ちゃんは僕に惚《ほ》れていて、後をつけてくるんで迷惑していたんですよ。でも僕から言い出したのではないと所長に納得してもらわないといけませんから、恭子ちゃんに一筆書いてもらいたいですね。そのためにもここに連れてきてください」と言い出した。しかし栄蔵が「連絡がつかない」とあくまでも突っぱねたので、さしもの宮崎もいったん退去した。

その後、森が一人でやってきた。初めて会う祖父母に自己紹介をし、宮崎に頼まれて恭子の荷物を引き取りにきたと述べた。栄蔵はさっさと帰ってほしいということもあり、寿子に恭子の荷物をまとめさせた。

森はそのボストンバッグの中身を点検して、「パジャマがありません」と言った。恭子のパジャマは宿泊のために警察署に届けていたのだ。寿子は慌《あわ》てて自分のパジャマを入れたが、森はいったん帰るとすぐに戻ってきて、「宮崎さんに、恭子ちゃんのパジャマはこれでなく熊《くま》の絵が入ったものだと言われました。いますぐ出してください」と求めてきた。

栄蔵と寿子は驚いた。たしかに寿子が恭子に買ってあげたのは、熊の柄のパジャマだった。宮崎は祖父母宅で恭子が着ていたそのパジャマを、しっかりと記憶に刻み付けていたのだ。

「あのパジャマは、親戚《しんせき》の女の子にあげちゃったんですよ」と寿子が言うと、森は
「あなたたちの言うことは信用できません！　信用できるのは宮崎さんだけです！」

とヒステリック気味に声を荒らげた。

その後、ふたたび宮崎がやって来た。「パジャマはどこに隠してるんですか！」と怒鳴り、森といっしょに「パジャマはどこだ！　パジャマはどこだ！」と騒ぎながら、勝手にクローゼットやタンスを開け始めた。そのとき、ちょうど宮崎から呼び出されていた雅子が到着する。

「私が知っている穏やかで物腰が柔らかい宮崎さんとはまったくの別人で、目が血走って、鬼のような顔をしてパジャマを探しているんで、ものすごく怖くなりました」

と雅子は振り返る。

宮崎と森はいったん引き下がったが、翌日また来るのは火を見るよりも明らかだった。栄蔵と寿子の疲労は頂点に達し、持ちこたえる自信を失い始めていた頃、ついに宮崎と森に対して逮捕状が出た。容疑は、逃亡した恭子を連れ帰ってからマンションの一室に監禁し、自分で爪を剝がさせるなどの虐待《ぎゃくたい》を加えた、というものだった。

翌三月七日の早朝、六人の刑事が栄蔵宅にやって来た。タイミング良く、森から電

話がかかってくる。

「私たちは恭子ちゃんと縁を切ってもかまいません。その代わりに、これまで恭子ちゃんを養ってきた費用を返してください。七年間くらい面倒を見てきたのを計算すると、五百万円ほどになります。すぐに五百万円は無理でしょうから、今日中に頭金百万円をもらいます。その他に迷惑料とタクシー代も払っていただきます。よろしいでしょうか？」

電話を盗聴していた刑事から渡されたメモ書き通りに、栄蔵が答える。

「わかりました。恭子と本当に縁を切ってくれると約束してくれるなら、五百万円を支払ってもいいですよ。今日中に百万円を用意します。ちょうど恭子も今日帰ってくるというので、ここできちんと話し合って決着をつけましょう」

数時間後、タクシーに乗って宮崎と森が到着した。家から少し離れた場所に置いた車から恭子が覗《のぞ》き見て、「おじちゃんとおばちゃんです。間違いありません」と刑事に伝えた。家の中に通された二人がソファに腰を降ろしたとき、洗面所や寝室などに隠れていた刑事たちが飛び出し、二人を囲んだ。「監禁傷害容疑で逮捕する」という言葉に、宮崎は「逮捕状を見せろ！　逮捕状を見せろ！」と叫び、それを見せられても「不当逮捕だ！」などと往生際《おうじょうぎわ》の悪さを見せた。対照的に森は能面のように無表情で、まったく無言のまま、従順に手錠をかけられた。

捜査は難航した。二人が名前を含めて完全黙秘をつづけたからである。しかし、福岡県警はまず、恭子の供述によって三ヶ所のアジトを突き止めた。

一つ目は、小倉北区内にある「マンションM」の三階の部屋。一階にはカラオケスナックがあり、事務所と住居の賃貸が半々くらいの、何の変哲もないマンションだ。周辺には総合病院、ラブホテル、バッティングセンター、旅館、コンビニ、自動車修理工場などが混在し、雑然とした地区である。しかし、マンションの入口に面した道は、人も車もあまり通らず、さらに部屋のバルコニーは、その道から横に入った狭い路地に面していた。

捜査員が部屋に入ると家財道具はなく、ゴミ袋や折り畳んだカーペットが置かれており、引っ越した直後のようだった。障子で仕切った二つの和室（共に六畳前後）、台所、洗面所、浴室、トイレというごく質素な間取りだが、尋常ではない、さまざまな細工が施されていた。

玄関のドアスコープには内側から鍋敷《なべし》きが掛けられ、新聞受けにも内側から段ボール紙が貼《は》られている。すべての窓に遮光カーテンが、玄関には足元まであるアコーデイオンカーテンが下げられており、玄関ドアのチェーンは、ほとんどドアが開かないほど短くしている。訪れた者も室内を覗けない。ドアチェーンを短くして外すのに時間がかかるようにしているのは、誰かが逃亡するのを防ぐためだろうか。

そして、あらゆる窓やドアに、多数の南京錠《ナンキンじょう》やシリンダー錠が取り付けられていた。和室と台所の間のガラス戸には和室側から、台所から洗面所に通じるドアには台所側から、洗面所からトイレや浴室に通じるドアには洗面所側から、施錠できるようになっていた。つまり、他の場所から和室には、複数の鍵《かぎ》を開けないと入れないのである。その和室はというと、子供用具も含めいろんな物が残されていて、家庭的な生活があったと感じさせられる場所だった。

また、その施錠方法からは、浴室かトイレに誰かを閉じ込めていたことも推測できた。トイレには細工が見当たらなかったが、浴室内の小窓には黒いビニールが貼られていた。薄汚れた青いタイルの洗い場は、幅九十三センチ、奥行き百四十六センチと非常に狭く、タイルには貼り直された痕跡《こんせき》があり、表面は目地がそげ落ちるほど擦り減っていた。強力洗剤で何度も磨き洗いをしたようだった。浴槽も手狭で、やはり磨かれたらしく、銀色のアルミの表面はピカピカに光っていた。

そして恭子によれば、この浴室で清志は監禁されて殺されたという。

二つ目のアジトは、そこから歩いて十五分ほどの閑静な住宅街にある「ワンルームマンションV」だった。捜査員が室内に入ると、「勝手に外出しません」「もう逃げません」などと血で書かれた紙が押入れの引き戸に貼られていた。恭子はこの部屋に監禁されて虐待を受けていたという。

三つ目は小倉北区内にあるアパートの一階の部屋。恭子は、ここで子供達の世話をしていたと供述した。捜査員が入ると、四人の男の子(うち二人が双子)がパジャマ姿でテレビを観《み》ており、捜査員が名前を尋ねると、しっかりした口調で答えた(後に偽名であると判明)。年齢は五歳、六歳、六歳、九歳。この子たちは、児童相談所に緊急保護された。それまでほとんど外出せずひっそりと室内に閉じこもり、小学校にも通っていなかったという。

三つのアジトの家宅捜査で押収《おうしゅう》した資料から、県警は両容疑者の身元を割り出した。それを追及したところ、ようやく二人は本名や年齢などを認めた。

「宮崎」の本名は松永太、四十歳、柳川《やながわ》市出身、元布団《ふとん》販売会社社長。

「森」の本名は緒方純子、四十歳、久留米市出身、元幼稚園教諭。婚約者であったはずの雅子も、七年間一緒にいた恭子でさえも初めて知った素性であった。

捜査が進むにつれ、二人の背景も浮かび上がってきた。高校時代の同窓生で内縁の夫婦関係にあり、約十年前の詐欺《さぎ》事件で指名手配を受け逃亡していた（すでに時効成立）。またDNA鑑定で、アジトにいた子供のうち五歳と九歳の男の子が、二人の息子であることも判明した。

福岡県警特捜部による、本格的な捜査が始まった。約百人の捜査員を投入して、六年前（平成八年）の清志殺人事件の解明に全力を注いだ。恭子は「お父さんは普段から浴室に閉じ込められ、電気を通されていた」「ある日、学校から帰ったらぐったりしていて、おじちゃんから胸に電気を通されて死んだ」「死体は浴室でバラバラにされてフェリーから海に捨てられた」と詳しく語るようになったが、供述には曖昧《あいまい》な部分も多く、慎重な裏づけ捜査が必要だった。しかし血痕や遺体の一部など、有力な物証は何ひとつ発見されないままだった。

容疑者二人も、相変わらず黙秘を続けていた。それどころか当時の弁護人を介し、「少女（恭子）は虚言癖がある」とのコメントを発表した。逮捕から約三ヶ月後に始まった少女の監禁傷害事件の公判でも、松永と純子は法廷で「黙秘します」と宣言した。退廷する際には、純子が松永の顔を覗き込んで笑顔で声をかけ、松永もにこやかに応じて励ましあう姿も見られた。

ところがその後、まさに驚天動地とも言うべき事件を恭子が語り出したことで、捜査はまったくの振り出しに戻る。

なんと恭子は、清志が殺害されたマンションの一室で、四人の大人と二人の子供が監禁され、虐待され、次々に殺害されていったと語り始めたのだ。しかもその六人とは、すべて緒方純子の親族だった。父親の緒方譽《たかしげ》(死亡時六十一歳)、母親の静美(同五十八歳)、妹の理恵子(同三十三歳)、妹の夫の主也《かずや》(同三十八歳)、妹の長男の優貴《ゆうき》(同五歳)、長女の彩《あや》(同十歳)の順に殺害され、死体は浴室でバラバラに解体されて海や公衆便所などに捨てられた——。

清志の監禁殺人だけでも「前代未聞の事件」とみていた県警は、この供述に驚愕《きょうがく》し、ただちに捜査を開始した。

家宅捜査では浴室のタイルや配管などを押収し、マンション周辺の下水道にたまった泥まで採取した。一万点を超す押収・採取物の科学鑑定(血液のルミノール反応など)を進め、骨が投げ捨てられたという大分県の海のフェリー航路を中心に海底捜索も行った。しかし是が非でもほしい有力物証はやはり発見されず、結局、十七歳の少女の、何年も前の記憶を頼りに立件するしかなかった。まさに薄氷を踏むような状況である。

県警はまず、恭子が「殺害を手伝わされた」と供述している彩と優貴、そして「隣の部屋で殺害現場を見ていた」という譽の三件について、立件に踏み切った。しかし、静美、理恵子、主也の殺害場面を恭子はまったく見ておらず、殺害方法さえ不明であることから、県警は立件を諦《あきら》めつつあった。父親・清志の殺害についても、恭子の供述からは「虐待死」か「病死」かの判断が難しく、立件は五分五分の可能性であった。

ところが、事態は急転する。「鉄の仮面」と捜査員達から呼ばれていた純子の態度が、急変したのである。逮捕されてから半年後の平成十四年十月、緒方譽に対する殺人容疑で再逮捕された直後、「事実をありのままにお話しする気持ちになりました」と黙秘から一転、取り調べに応じ始めた。そして、「松永の指示を受けて、私が家族の殺害に関与しました。死体をバラバラに解体したのも私です」と、容疑を認めた。

純子の弁護人によれば、逮捕後の緒方は徐々に松永の呪縛《じゅばく》から解き放たれ、冷静に事件を振り返るうちに罪の意識を深めていき、「洗いざらい真実を話して正当な裁きを受けたい。死刑判決も覚悟する」という心境に達したという。また、恭子の供述をもとにした起訴事実や報道内容に対し、「事実と違う部分がある。私の家族に対して変な誤解が生じるのは心外だ。緒方家の名誉のために話さなければ」と決心したのも、全面自供のきっかけとなった。

一方、純子が語り出して捜査が一気に加速したことで、松永は追い詰められた。同じように黙秘をやめて取り調べに応じ始めたが、その供述内容は、純子とは百八十度異なるものだった。「七人の死亡と解体は認めるが、自分は一切手をくだしていない。特に緒方一家の殺害と解体は、純子が勝手にやったことだ。自分は指示も誘導もしていない」と容疑を否認したのである。

こうして、「遺体なき密室での大量殺人」は、両被告から、全く相反する二つの事件像が語られる展開となった。

平成十五年五月二十一日、福岡地方裁判所小倉支部二〇四号法廷で、約十ヶ月ぶりに公判が再開された。第三回目のこの公判から、連続監禁殺人事件についての審理に入った。

黒のウインドブレーカーに灰色のジャージ姿の大柄な松永は、口を真一文字に結んでしかめっ面《つら》で入廷し、そそくさと歩いて被告席に着いた。対照的に白いブラウスに青のジーンズ姿の小柄な純子は、神妙な表情で入廷し、落ち着いた足取りで被告席に向かうと、裁判官に一礼してから着席した。刑務官を挟んで横並びに座っている二人は、正面の裁判官を見据え、一度も視線を交わそうとしない。

法廷でも、両被告の態度は対照的であった。起訴事実の認否を裁判長から尋ねられ、純子は証言台の前に背筋を伸ばして両手を膝《ひざ》の上に置いて座り、淡々とした声で二つの同意できない部分を指摘してから、「（全体的には）間違いありません」と大筋で認めた。翻《ひるがえ》って松永は、証言台に手をついて「それは違うんですよっ！」と声をあげ、紅潮させた顔をマイクに近づけて、身ぶり手ぶりを交えながら甲高い声で反論し、さながら独演会のような派手派手しさで全面否認した。

この静と動のコントラストは、以後ほぼ週一回のハイペースで開かれた公判廷においても一貫していた。純子はどのような尋問に対しても冷静沈着に答え、自らが実行犯として関与した各事件を生々しく再現し、そのときどきの心情を自己分析して語りつづけた。そして松永は、たびたび裁判長から注意されるほど冗舌にしゃべりまくり、自らの関与を否定しながら各事件のストーリーを長々と展開し、無実を訴えつづけたのである。

第二章　松永太と緒方純子

交際当初の松永太と緒方純子

筑後《ちくご》川が流れる福岡県久留米市安武《やすたけ》町の広大な田園地帯。その一角に、十五軒ほどの屋敷が密集している集落がある。田舎では珍しくないことだが、その集落で暮らす人々の大半は親類関係にあり、屋敷の門や玄関に掲げられた表札には同じ苗字《みょうじ》が綴《つづ》られている。この土地は代々、緒方一族の所有地で、三分の二ほどの住民が緒方姓だ。

集落の中でひときわ立派な屋敷である緒方純子の実家は、緒方一族の本家に当たる。レタス栽培を主とする裕福な農家であり、祖父の瀧蔵《たきぞう》は元村会議員、父親の譽は農協の関連団体の副理事を務めるほどの名家であった。母親の静美は同じく久留米市内の農家の出身で、地元の名門高校を卒業した後、村の消防団の会合で譽と知り合い、昭和三十六年に緒方家に嫁入りした。昭和三十七年二月二十五日に長女の純子、四十年一月二十六日に次女の理恵子が生まれた。

事件発覚後、緒方家の人々は取材を一切拒否しているが、緒方姓ではない地元住人に聞いて回ると、「緒方家にはどまぐれたのは一人もおらんかった（不良は一人もいなかった）」といった類《たぐ》いの話がかならず返ってくる。特に純子の実家はその象徴的な存在だったらしく、「厳格」「堅物」などといった印象を持たれていた。

たとえば、譽と親しかった久留米市の市議会議員はこう語る。

「譽さんは生真面目《きまじめ》そのもの。悪い評判はぜんぜんなかったです。実務的な仕事も抜群にできて、私の選挙のときもずいぶん協力してくれました」

譽は若い頃に勤めていた民間企業でも労働組合の執行委員長をやるなど、人望が厚かったようだ。静美も良妻賢母として知られ、譽が結婚したときには、頭が良くて美人の嫁さんをもらったと評判になったという。譽自身も、よく妻の自慢をしていた。

静美と親しかった近所の主婦も同様の話をする。

「とにかく物凄《ものすご》くまじめな夫婦でした。譽さんは農協内の事務所で働き、静美さんは民間企業で事務をしていましたが、早朝や帰宅後、日曜も二人で農作業をしていて、一年中働いていましたねえ。譽さんは威厳のある方でしたが、静美さんにはとても優しかった。静美さんは賢くて、譽さんを立てるのが上手でした。緒方家の方々はプライドが高いので、静美さんは相当に苦労したと思いますが、周りには絶対に愚痴をこぼさず、いつでもきちんとしていました」

この勤勉な夫婦からすれば当然のこと、二人の娘達は厳しく躾《しつ》けられた。小学生時代からの理恵子の親友は、とにかく父親が厳しく、二人とも正真正銘の箱入り娘だったと振り返る。

「高校生のとき友達グループで理恵子の家に遊びに行って、二階でぺちゃくちゃしゃべっていたら、一階からお父さんが『おまえたち、勉強せんならかえれ!』って大声で怒鳴ってきたんです。もうびっくりして怖くなって、それ以来、理恵子の家には遊びに行きませんでした。おばあちゃんも厳しくて、小学生のときに、物凄い剣幕で理恵子や純子さんを叱《しか》りつけているのを見ました。ほんとにあの家は『厳格』という印象しかありません」

その親友によると、どちらかと言うと純子のほうがまじめで、学校の制服や髪型はすべて規則通りにしている優等生だった。学生時代には彼氏もいなかったようだ。純子に比べて理恵子は活発で遊び好きだが、両親の前ではおとなしくしていた。当時、理恵子の友達グループでは制服のスカートを長くするのが流行《はや》っていたが、理恵子だけは「家で怒られるから」と、スカートは普通のままで、制服のリボンにアクセントを加えていたという。

姉妹は反抗することもなく、両親の期待に応《こた》え、純子は女子短大卒業後に幼稚園の教諭となり、理恵子は専門学校を卒業して歯科衛生士になった。どちらも職場での評価は非常に高かった。純子が勤務していた幼稚園の元園長は「子供には優しいし、保護者には丁寧だし、本当に安心して仕事を任せられました」と賛辞を惜しまない。誰もが、そのまま順風満帆に、親の期待どおりの人生を娘達が歩んでいくものと思っていたことだろう。

しかし、ある一本の電話をきっかけに、緒方家の運命は急転していく。

昭和五十五年の夏、純子が短大一年生の頃、高校の同窓生であった松永太から「在学中に君から借りていた五十円を返したいんです」という奇妙な電話があった。純子は松永太という生徒がいたことは憶《おぼ》えていたが、別のクラスだったので言葉を交わしたこともなく、無論、五十円を貸したことなど全く記憶になかった。しかし電話で話しているうちに松永の巧みな話術に警戒心が薄れ、「家の近くまで行くので、会ってくれませんか」という誘いに乗ってしまう。

当時の松永は、布団《ふとん》販売の家業を継いで青年実業家として歩み始めた頃だった。高級車に乗って颯爽《さっそう》と待ち合せ場所に現れた松永は、ハンサムで体格が良く、おしゃれな服を着こなし、優しそうな笑顔を浮かべていた。喫茶店に行き、五十円うんぬんの話をしたあと、「実は卒業アルバムを見ていたら、君の写真が目に止まって、思わず電話をしてしまったんです」「君は美人じゃないけど、素朴なところが良いですね」などとさっそく口説き始めたが、逆に純子のほうは警戒心を強めてぜんぜん乗り気にならず、そのときは喫茶店を出てすぐに別れた。

二度目に二人が逢《あ》ったのは、約一年後。ふたたび松永から「久しぶりに会いませんか」と電話があり、純子はしつこい誘いを断り切れずに承諾した。その晩松永は、「いま真剣につきあっている人がいて、結婚を考えている」と純子に打ち明けた。おそらく純子の心を揺さぶる狙《ねら》いだったのだろうが、恋愛感情のない純子は動揺もせず、淡々と松永の結婚話を聞いていた。

しかし帰り際《ぎわ》、松永は強引な手段に出た。暗闇《くらやみ》に車を停めて助手席の純子にすばやくキスしようとしたのだ。「やめてください！」。純子が反射的に頬を引っぱたくと松永は素直に謝罪してしおらしい態度になり、午後十時の門限に間に合うよう、純子を家に送った。

その後は、まったく連絡を取らなかった。松永は本命の恋人と結婚し、純子にも親しい男友達がいた。しかしよほど強い縁で結ばれていたのだろうか、三度、二人は逢うことになる。

それはまたしても、松永からの電話だった。純子が二十歳の秋、「久しぶりに会いませんか」とドライブに連れ出した。そしてその帰り、異性との付き合いに慣れない純子を強引に誘ったのか、二人はラブホテルで肉体関係を結んだ。「それまでに男女関係の経験はありませんでした。キスをしたのも性交渉を持ったのも、松永が初めてです」と、純子は法廷で語っている。

二ヶ月後のクリスマスイブ、純子は松永からコンサートに招待された。「ビジネスだけでなく、音楽もプロ級の腕前」と豪語していた松永が、ロックバンドを結成し、久留米市内の大ホールを借り切ったという。純子は胸をときめかせて会場に足を運んだが、客席には妊娠中の松永の妻も来ていた。「そのとき奥さんの大きなお腹《なか》を見て、なんとなくショックを受けました」と後に語っている。

しかし、純子はその後も不倫関係に罪悪感を抱きながら、逢瀬《おうせ》を重ねた。松永の気《き》紛《まぐ》れで何度もデートの約束を反故《ほご》にされ、逢ったとしても場所はいつもラブホテルだった。松永は「夫婦関係がうまく行かないから、近いうちに離婚するつもりだ。おまえとデートしているのを誰かに見られて女房にばれると離婚できなくなる」と純子に言い聞かせた。仲が悪いと言いながら妻が妊娠していることを問い詰められると、「あれは俺の子供じゃないんだ」と真顔で答えるのだった。純子は見え透いた嘘《うそ》だと承知していたが、「それでもいいから逢いたい」という気持ちが勝り、気紛れで約束を破ったり、平気で嘘をつく松永を許していた。

当時の心境を、彼女はこう証言している。

「恋愛に溺《おぼ》れてはいけないと自制はしていました。不倫関係ですし、結婚できる相手ではありませんし、いずれは養子を迎えて家を継がなければならないと自覚していました。でも親が養子縁組した相手と結婚するまでに、一度くらいは恋愛経験をしてみたいという気持ちもありました。松永に対する恋愛感情がだんだん大きくなっていって、自制心が薄らいでいきました」

松永のほうも次第に、純子との恋愛に深入りしていく。デートの約束を破らなくなり、月一回、週一回と逢うようになって、頻繁に高価なプレゼントを渡した。場所は相変わらずラブホテルばかりだったが、とことん優しく接し、門限までにきちんと送り届けた。

毎日電話をかけ、長電話を切った直後にかならずかけ直し、「明日の待ち合わせ場所は××だからね」と念を押したり、「愛してるよ」と囁《ささや》いたりした。純子も最初は面倒だったが、毎日繰り返されると、「自分は本当に愛されているんだ」と思うようになる。

やがて松永は、純子との結婚について語るようになった。「離婚が成立したら結婚してほしい」「俺が仕事を辞めて、緒方家に養子に入る」「自分の人生を犠牲にしても、おまえと結婚するんだ」……。純子はそれらの言葉を、すべて信じた。

「離婚の計画的な話も聞いていたので、不倫だから申しわけない、結婚を望むのはいけないという気持ちもなくなっていきました。そして昭和五十九年の夏休みに、松永と初めて旅行して宮崎に行きました。松永との関係では、そのときがいちばん幸せでした」

しかしその頃、隣に住んでいた叔母に松永との交際を打ち明けたことで、両親に不倫交際がばれてしまった。激しく叱責《しっせき》され、すぐに別れるよう詰め寄られた。しかも、松永が緒方家の資産状況のみならず、静美の実家の資産状況をも調べていることを叔父が察知し、松永の狙いは財産である、と純子に説教した。特に静美は松永を恐れ、私立探偵に松永の調査を依頼した。しかしそれが松永の知るところとなり、「おまえの母親は俺を信用していないのか！」と松永は純子に当たり散らし、「母親に会わせろ！」と迫った。

純子は不安を抱えたまま、佐賀県内の料亭で、松永と静美を会わせた。しかし松永は礼儀正しく振るまい、情熱的に純子への愛を語ったかと思えば軽妙なジョークを飛ばして笑いを誘い、静美に好印象を与えた。後日、再び松永は譽も料亭に招いて会食し、またもや好青年を演じて、すっかり両親を懐柔してしまう。「特に母のほうが松永を気に入り、彼との交際に全面的に賛成してくれるようになりました」と純子はいう。

約三ヶ月後、松永は「妻と離婚して純子と結婚する」という趣旨の「婚約確認書」を純子との連名で作成し、緒方家を訪れて両親に渡した。緒方家の婿養子《むこようし》に入ってもいいという松永に対し、譽は慎重な返答をしたが、静美のほうは「早く奥さんと別れて、純子といっしょになってほしい」と逆に頼み込むほどの歓迎ぶりであった。

ところが、この直後から、松永と純子の関係は徐々に変わっていく。

「俺には音楽の才能があって東京の音楽事務所から誘われているけど、緒方家に養子に入らなければいけないので断ったんだぞ」などと、松永は居丈高に口走るようになり、純子に負い目を感じさせた。その一方で離婚に関しては、「事業を起こしたときに女房の父親から莫大《ばくだい》な資金を支援してもらったから、別れたいけどなかなか別れられない」などと消極的だった。

そして、暴力が始まった。

松永と交際する以前に親しくしていた男友達の話をすると、血相を変えて「俺を騙《だま》していたんだな！」と激怒する。その男性とは性交渉はまったくなかったこと、松永と性交渉を持った後にきちんと交際を断ったことを告げても、いっさい聞く耳を持たず、二股《ふたまた》だと責めつづけた。「本当は処女じゃなかったんだろ！　初めて寝たときの素振りは狂言だったんだろ！」と騒ぎ、その男性をホテルに呼び出し、自分の部下を連れて、純子の目前でリンチを加えた。

純子への初めての暴力は車の中だった。些細《ささい》な理由で激昂《げっこう》した松永は急ブレーキをかけ、純子に運転するよう命じた。そしてハンドルを握っている純子の手をこぶしで叩《たた》いたり、靴を脱いで頭を叩いたりした。その後、暴力は急速にエスカレートしていく。殴る蹴《け》る、髪の毛をつかんで振り回す、ゼンリンの地図帳を五、六冊束にして後頭部を殴りつける——。

古い日記帳を全部持って来るよう命じ、ホテルの部屋で一日ずつ日付けを追いながら、「これは誰のことだ」「これはどういう意味だ」などと詰問《きつもん》しながら殴打《おうだ》を加えることもあった。当初は週一、二回であったが、やがて連日、夕方から早朝までの長時間に及ぶようになった。つまり門限を破らせ、暴力を振るい続けたのだ。

そうして純子は次第に、自分が悪いという心理状態に陥っていったという。

「最初は自分自身には、暴力を受けるような品行の悪さはないと思っていました。でも、具体的なことを取り上げられて、何度も同じ質問を受けているうちに、自分が間違っているのかもしれないと思うようになりました。いま考えれば、松永の巧みな話術によるものだと思いますが、当時は自分が悪い、と思い詰めていました」

これは典型的なバタードウーマン（DVの被害女性）の心理状態である。夫や恋人との二人だけの閉ざされた世界で、「おまえが悪い。だから俺はこんなことをするんだ」と暴力を振るわれていると、大概の女性は自己を非難する思考を植え付けられる。自尊心が壊され、「殴られて当然な自分」という自己イメージを抱くようになるのだ。やがて抵抗する意思も失い、過酷な暴力に耐えて理不尽な要求に従うことが、被害者のアイデンティティーになってしまう。

松永は、この心理的作用を熟知し、極めて冷徹に、完璧《かんぺき》に純子を支配していった節がある。

連日の暴力と罵《ののし》りによって、純子を完膚なきまでに無力化させた後、彼が強要したのは、身体《からだ》への焼印と刺青《いれずみ》であった。どちらも『太』という一文字。本格的に交際を始めて三年目の昭和五十九年末のことだ。

焼印について検察官から質問されたとき、純子は「最終的に承諾したので、私の意思と言えると思います」ときっぱり答えた。しかし、自ら積極的に頼んだわけではない。男友達との関係について暴力を振るわれていたとき、純子は藁《わら》にもすがる思いで「どうしたら信用してもらえるのか教えて。どんなことでもあなたの言う通りにするから」と何度も訴えた。

松永から「そんなに俺を愛していて信用してほしいんだったら、おまえの体に『太』という印を入れても平気だろ。それくらいできるだろ」とラブホテルで要求され、純子は黙ってうなずいた。服を脱いで身体をさらすと、松永は純子の右胸の肌ぎりぎりまで煙草《たばこ》を近付けてゆっくりと動かし、やけどの痕《あと》で『太』という一文字を描いた。そしてその数日後、松永はふたたびラブホテルで全裸の純子に激しく暴力を振るい、「いいから横になれ！」と命じ、安全ピンと墨汁を使って、純子の右太股《ふともも》の付根の外側あたりにチクチクと『太』の刺青を彫った。

この刺青に関して純子は、「何がなんだかわからないうちに入れられました」と、同意していなかったことを主張している。しかし全く無抵抗のまま刺青を彫らせたのは、抵抗する気力が露ほども残っていなかったからだろう。「当時の私にとって体に傷が残るというのは、先の希望がないのといっしょのような感覚がありました」と後に語っている。

さらに松永は、純子の家族や親類、友人に次々と電話をかけさせ、何かしらの因縁をつけて相手を怒らせた。電話で話す純子の隣には常に松永が居《お》り、受話器に耳を近づけて会話を聞きながら紙に言葉を書き連ね、純子はそれを読みながら罵詈《ばり》雑言を浴びせかけた。「自分の気持ちに反してでも言いました」と後に語っている純子だが、こうした電話で家族や親戚《しんせき》の顰蹙《ひんしゅく》を買い、友人達とは絶交せざるを得なくなった。

前述したジュディス・L・ハーマン医師の『心的外傷と回復』には、人を奴隷《どれい》化させるのは、心的外傷をシステマティックに反復して痛めつけることだとある。そのためには、被害者の無力化のみならず、断絶化（すべての対人関係からの切り離し）をすることも必要不可欠である。

そしてハーマン医師は、「心理的支配の最終段階は、被害者がみずからの倫理原則をみずからの手で侵犯し、みずからの基本的な人間的つながりを裏切るようにさせてはじめて完了する」と述べている。これは、純子に対する松永の支配方法と見事に合致する。

純子は楽しかった夏休みからわずか半年後の昭和六十年二月に、心労と睡眠不足による貧血で幼稚園での勤務中に倒れた。そして、数日後には実家の自室において睡眠薬を飲んでカミソリで手首を切り、水を入れたバケツに手首を浸《つ》けながら眠ったが、家族の発見が早かったので、病院に搬送されて一命を取り留めた。

自殺という究極の方法で松永から初めて解放されようとした純子だが、自殺をしようとしたのは、「家族や親類や友人に嫌がらせの電話を入れさせられ、私がいることでずっと迷惑をかけ続けるんじゃないかと思い、自分で自分の存在が恨めしくなったからです」と語っている。つまり、これほど惨《むご》い仕打ちを受けても、松永を憎悪《ぞうお》するのではなく、自分自身を非難していたのだ。そして、DVによって植えつけられた自己嫌悪感は限界に達し、自殺する心境にまで追い込まれたのだろう。

純子の自殺未遂を知ったとき松永は、これまでの行為を反省するどころか、「甘かった。もっと強化しなければ」と猛省したようである。そして約半月後に純子が退院するとき、譽と静美にこんな提案をした。

「純子さんをこのまま放っておいたらまた自殺するかもしれませんし、もっと堕落しますよ。幸い私の言うことは聞くので、私に預けていただければ責任は持ちます」

譽と静美がこの言葉を信用したのかどうかは定かでない。おそらく、迷いに迷っただろう。しかし、当初は退院直後の純子が家を出ることに難色を示していた二人も、最終的には松永に説得されてしまった。手首を切った娘を発見して救急車を呼んだ際、サイレンを鳴らさないよう頼むほど世間体を気にする親であれば、純子が戻ってきて、ふたたび騒動を起こされたら困るという気持ちがあっても不思議ではない。そこを松永に、言葉巧みに突かれたのだろう。

退院した純子は、松永の車に乗せられて、病院からそのまま、松永の会社の社宅や物置きとして使われていた三潴《みずま》郡大木町のアパートに連れて行かれた。そこで、純子は生涯初めての独り暮らしを始めたが、そこからがふたたび暴力地獄の始まりだった。

松永は毎日やってきて、「自殺をすることでまわりの人にどれだけ迷惑がかかるか考えろ」「警察が自殺の原因を調べるのに俺を呼び出せば、俺にも不利益が生じるんだ」などと責め立てながら暴力を振るった。そのうえ「不倫関係が女房にばれたら、おまえは損害賠償請求されるんだぞ」と恫喝《どうかつ》したり、性交中の姿態をポラロイドカメラで撮影したりもした。半月後には働いていた幼稚園を退職させ、経済的にも松永に頼らざるを得ない状況に追い込んでいく。

さらに松永は、純子を実家から分籍させた。

「純子との縁を切り、今後一切、関わりを持たない」という旨《むね》の念書を持たされた純子は、久しぶりに実家に帰り、両親に念書を差し出し、「この念書に署名して、私の分籍を認めてほしい」と詰め寄った。さすがにこれには、譽も静美も猛反対したが、純子は松永の指示通り、「もし分籍を認めないなら、今度は本当に自殺するわよ。あるいはソープで働くからね」と言い放った。この恫喝は譽と静美にメガトン級の威力を発揮したに違いない。二人はしぶしぶ純子の分籍を認め、周囲には「純子は手に負えない。勘当する意味で籍を抜かせた」と説明した。

こうして純子は、家族や社会から完全に断絶させられた。

ところで、なぜここまでして松永は純子を支配することに執着したのだろうか。この段階では松永の意図は見えてこない。法廷で分籍などの理由を何度も訊問《じんもん》された純子も、「わかりません」と答えるばかりだった。

まさに松永のみ知るところだ。しかし松永の供述からも、常人が理解できるような意図は見えてこない。松永の話は、純子のそれとは全く異なり、純子の母親、静美との関係が中心であった。彼は当時の会話を再現しながら、二十年ほども前のことを、こと細かく語った。

「両親に交際が発覚して、純子から『このまま付き合うにしても別れるにしても、一度は親に会ってほしい』と言われたので、料亭で純子と静美さんと私の三人で会食しました。そのとき静美さんと私は意気投合して盛り上がりました。一週間後に静美さんから電話があり、喫茶店に呼び出されました。静美さんは化粧もせず、事務服を着ていました。『料亭でお会いしたときとは、えらい違いますね』と言うと、『そうよ、いつもは事務仕事をしているのよ』と言っていました。『あなたと純子の交際はお父さんもおじいちゃんも反対しているから、もう純子には会わないでほしい』と言われたので、私は『わかりました』と言ってその場で別れました。

そしたらまた一週間後に静美さんから電話があり、夜の九時ごろに公園で待ち合わせをして、その後ラブホテルに入って肉体関係を持ちました。静美さんのほうから積極的に誘ってきたのです。それから週に一度の割合で会うようになり、肉体関係はだいたい毎回結んでいました」

生前の静美を知る人たちが想像できないような、大変センセーショナルな供述である。静美の証言を聞くのが不可能な状況下、松永は一方的に静美との男女関係を主張している。

この件に関して純子は法廷で、自殺未遂後に松永から「おまえの母親はおまえを心配するふりをして、実は俺に会いに来ていたんだ」と聞いて静美に嫌悪感を感じ、当時の日記に「同じ血が流れているのがいやになる」と書いたと明かした。当時は松永と静美が肉体関係を持っているとまでは夢にも思わなかったが、いま冷静に考えれば、松永の性格なら、当然肉体関係を静美に求めただろう、とも推測している。さらに純子は、「松永は女を道具にする人ですから、合意による関係ではなく、強姦《ごうかん》という形で関係を持ったのだと思います」「もし松永と関係を続ける中で、母が女として悦《よろこ》びを感じる瞬間があったとしても、私は母を憎みはしません」と静美を全面的に擁護した。

また検察官も、松永と静美の男女関係を認めたうえで、「純子の行く末を案じていた静美に対し、人目のないところで別れ話の相談をしようと持ちかけてラブホテルに連れ込んで肉体関係を結ぶようになった」（冒頭陳述より）と、強姦説を主張した。しかし、これを裏付ける有力な証拠はなく、「死人に口なし」をよいことに、松永は証言席で堂々と言い放った。
「愛に年の差なんて関係ありません。それが愛の危うさなのです。私も静美さんが好きでしたが、純子のことも好きでしたので、平行して交際することにしました」
そして、亡《な》き静美をキーパーソンとして、次々に純子の証言を翻《ひるが》えそうとした。例えば、純子に対する暴行については、自らの弁護人とこんなやりとりをしている。
弁護人「あなたが緒方被告と交際を始めた昭和五十七年十月から、緒方被告が自殺未遂を起こした昭和六十年二月までに、緒方被告に対して暴力を振るったことはありますか？」
松永「はい、あります」
弁護人「どのようなときに暴力を振るったのですか？」
松永「一番多いのは、純子の男のことです」
弁護人「あなたが緒方被告の男性関係を疑ったきっかけは？」

松永「静美さんからいろいろ教えてもらいました。静美さんとホテルに行くと、『あんた、だまされとるよ』『純子には他に男がおるよ』と言ってくるんです。それを純子に問い質《ただ》しました。静美さんから聞いたとは言えないので、『自分で調べたんだけど、つきあってる男がいるだろ』と聞きましたところ、『絶対おらんよ』と否定しました。どっちが本当のことを言っているのかわかりませんけど、そのときは、純子に騙されていると思って手をあげました」

弁護人「そのような緒方被告と静美さんの話の食い違いによって暴力を振るった回数は？」

松永「五、六回です。純子から聞いたことを静美さんに伝えると、『それはちがうよ』と言われるわけです。焼きもち以外の感情はなかったです。わからなくなってきました、どっちを信用したらいいのかと」

三角関係によって精神的に追い詰められて多少の暴力を振るわざるを得なかった、自分こそ被害者だと言っているのである。この他にも松永の供述は、「静美の裏工作に踊らされた」という被害者意識に貫かれている。以下、松永の供述をまとめてみよう。

《婚約確認書の作成について》

「静美さんに『私たちの関係をお父さんが疑っているから、お父さんには純子と結婚すると言って』と頼まれ、純子との婚約確認書を作成しました。静美さんは、もし純子が署名を拒否すれば、私と純子は別れることになり、私を独占できるという筋書きを考えていたと思います。でも純子が躊躇《ちゅうちょ》なく署名したので、静美さんはラブホテルで『純子はあんたにいかれてしまっとるね。私のことがばれたらどげんなるやろうか』と愚痴っていました。『もう会わんほうがよかかもしれんね』と言うと『ばれたときは、そのときたい』と覚悟を決めた様子でした」

《自殺未遂後の純子を預かったことについて》

「静美さんからの電話で、純子が自殺未遂を起こしたと聞いて、病院に直行しました。静美さんは、わたしたちの関係が純子にばれたんだろうと心配していました。退院の日に、譽さんは、『純子はもう家に置いておくわけにはいかないから、預かってくれ』と言い、静美さんもその隣で『どうかお願い致します』と深々と頭をさげました。さらに譽さんのいないところで静美さんは、『もう私は純子にこうしなさい、ああしなさいと言える立場じゃなかやんね。あなたと男女関係にあるのに、お母さんとしてどうして純子に説教できるとね。純子のことに私はかかわり合うことはできんよ』と話して、私に純子を預かってほしいと懇願してきました」

《純子の分籍について》

「純子を預かることになってからも、静美さんとの関係は続きました。ある日、ラブホテルで静美さんは、『純子との親子関係を断ち切ったことを念書に書いて、もう知らんよと言いたいのだけど、良い方法と思う？』と聞いてきたので、私は『よかとなかと』と答えました。静美さんはその理由として、『お父さんは、あんたと純子のことがTさん（松永の義父）に知られて、うちに怒鳴り込みに来るんじゃないかとすごく怖がっている』と言っていて、そのとき『純子とは縁を切っているから関係ない』と防御するのに念書が必要だと説明していました」

また、純子の身体《からだ》に入れた焼印や刺青《いれずみ》については、純子本人の主体性・積極性を主張した。

「ある晩、純子のほうから『お互いに信用できるような愛の証《あかし》がほしい』と言ってきました。その瞬間『あっ、これは子供を作りたいということだな。かみさんのお父さんは怖い人だから、それはマズイな』とびびったのですが、純子は谷崎潤一郎の『卍《まんじ》』をたとえに出して、女性の身体に刺青を入れることが愛の証になると言ってくれたので、私は感激して『おまえも永久に男を作れんことになるかもしれんが、俺も責任重大で、おまえのことは一生めんどうを見るけん』と純子を抱きしめました。そして翌日に刺青の入れ方を知人から教えてもらい、愛の結晶として『太』という一文字の刺青を純子の太股《ふともも》に入れました。

その後、『太』という刺青の文字が蝶々《ちょうちょう》に見える、ちゃんとわかる印がほしいと純子が言い始めました。『それなら俺は刺青が下手だから、焼印にしたらいいんじゃないかな』と言うと、『うん、そうだね。焼印も入れよう』と純子は嬉《うれ》しそうに答えました。煙草《たばこ》を肌に近付けて焼印を入れる方法は私から提案しましたが、純子はまったく嫌がりませんでした。純子は焼印が先だったと話しましたが、刺青の方が先でした」

松永太とは、一体どういった人物なのだろうか。

それを知る上で参考になるものが、松永の供述調書に残っている。「人生のポリシー」について、松永が述べている部分だ。

「私はこれまでに起こったことは全《すべ》て、他人のせいにしてきました。私自身は手を下さないのです。なぜなら、決断をすると責任を取らされます。仮に計画がうまくいっても、成功というのは長続きするものではありません。私の人生のポリシーに、『自分が責任を取らされる』というのはないのです。（中略）私は提案と助言だけをして、旨味《うまみ》を食い尽くしてきました。責任を問われる事態になっても私は決断をしていないので責任を取らされないですし、もし取らされそうになったらトンズラすれば良いのです。常に展開に応じて起承転結を考えていました。『人を使うことで責任をとらなくて良い』ので、一石二鳥なんです」

説明を加えると、供述調書とは、検察官や刑事の訊問に対して事件関係者が答えた内容をまとめたものだ。これは最終的に供述した者が内容を確認し、承認の署名をすることになっている。つまり松永の供述調書にこの記載があるということは、取り調べ相手に「人生のポリシー」を語り聞かせたことを、本人が認めたことになる。

言うまでもなくこの供述は、後々の連続殺人事件における松永の思考・行動パターンを裏付ける上で有力な証拠となり得る。検察側も非常に重要視して、わざわざ法廷で朗読したほどだ。

なぜ松永が、これほど自分に不利な供述をしたのかはわからない。無類の女好きである松永の取り調べに「最後の切り札」として若手美人検察官が投入され、松永は調子に乗って人生哲学を雄弁に語った、その内容を受けた検察幹部は「これをしゃべらせるために頑張ってきたようなもんだ！」と歓喜の声をあげた、といった情報が記者の間に流れたが、その真偽は定かではない。何はともあれ、ここまで踏み込んで自らの思考や行動パターンを解説した松永の供述は、後にも先にもないのである。

このような人生哲学を抱くに至った彼の生い立ちは、「虚飾の人生」そのものだった。

松永は昭和三十六年四月二十八日、北九州市小倉北区において、畳屋を営む両親の長男として生まれ、七歳の頃、父親が布団《ふとん》販売業を引き継ぐために、実家がある柳川市に転居した。

松永の家族や親戚《しんせき》は取材を一切拒否しているので、松永の子供時代に関する情報は非常に少ないが、担任教師達の供述調書などから、その一端を窺《うかが》い知ることができる。

公立小学校に入学した松永は大して勉強もしないのに、全学年を通してほとんどの科目がオール5であり、学級委員長を何度も務め、生徒会の役員に就いたこともあった。中学一年生のときには校内の弁論大会に出場して三年生を差し置いて優勝したり、中学時代を通して男子バレー部のキャプテンを務めたりもした。しかしこういう華々しい活躍にもかかわらず、担任教師達の印象は決して良いものではない。中学三年時の担任は、供述調書でこう述懐している。

「目立ちたがり屋でワンマン、リーダー的存在でした。周囲に有無を言わせず、声が大きく、威圧感を与えるタイプ。『俺はいつでも松下幸之助と連絡がとれる』とか、すぐにほらを吹きました。株や、どうしたら金儲《かねもう》けできるかといった話をしていました。取り巻き連中を作って、悪さも取り巻きにさせていました。家庭訪問をしようとしても、うちは話すことがないからと断りつづけるので、結局行くことができず、両親がどんな人なのか分かりません」

高校は、純子と同じ県立校に進学した。二年生のときに生徒会の風紀委員長に立候補して当選したが、その後、自身の「不純異性交遊」が発覚し、三年時から他校に転校するはめになる。しかし次の高校でも、再び風紀委員を担当している。

高校を卒業してすぐに入社した福岡市内の菓子店は十日ほどで退職し、布団販売の家業を手伝い始めた。数年で父親から実権を譲ってもらい、屋号を「松永商店」から「ワールド」に変更して、三年後には柳川市内の自宅を本店とする有限会社にした。

結婚もして一男を儲けた。それから二年後の昭和六十年には、周囲に水田と瓦葺《かわらぶ》きの家屋しかない自宅敷地内に、鉄筋三階建ての自社ビル（延べ床面積百四十四坪）を新築する。一階は両親と松永家族の住居、二階は事務所と商品展示場、三階は社長室であった。このときは柳川の料亭に二百人ほどの招待客を呼び、盛大な新築祝いを行っている。純子が自殺未遂を起こした約二ヶ月後のことだ。

翌年には、株式会社として「ワールド」を設立。資本金は五百万円と、株式会社としては小規模であったが、会社登記簿の営業項目には、「貿易業」「採鉱、開発、製造加工業」「広告、出版業」「製材業」「海上運送業」「損害保険代理店業」「医療施設、スポーツ施設、飲食店、旅館業」など十七項目も羅列されている。貿易で扱う商品も鉄や石油、船舶や航空機まで含まれるなど、さながら大商社である。それもそのはず、松永は三井物産の登記簿のコピーを司法書士に見せ、「営業項目をこれと同じにしてください」と頼み込んだのだった。

しかしワールドの実態は、詐欺《さぎ》商法を繰り返しながらの自転車操業だった。空手チョップ、四の字固め、通電、背後に暴力団がいるという脅し、仕事のミスを突く罰金などを多用し、松永は従業員達を恐怖で支配していった。そして出身学校の卒業生や教師などに連絡を取らせ、「在庫を抱えて倒産するかもしれないから協力してほしい」と頼み込んで高額な布団セットを売りさばかせる方法で、暴利を貪《むさぼ》っていたのである。

なかでも松永の才能が遺憾なく発揮されたのが、ワールドの従業員に騙《だま》された者に善意の人間を装《よそお》って近づき、取り込んでいくという手法だった。読売新聞（平成十四年九月二十五日付）が当時の従業員の証言として、こんな逸話を伝えている。

〈従業員の同窓生に、布団購入の契約をした後に支払いをしぶる男性がいた。松永は数人の従業員を引き連れて男性の家に上がり込んだが、罵声《ばせい》を浴びせるのはもっぱら従業員達で、松永は一人黙り込んでいる。

しかし突然、勢いよく立ち上がり、「あなたの背後に霊がいる。運気を吸い取っている！」と絶叫すると、スーツのポケットから黒い数珠《じゅず》を取り出して目を閉じ、眉間《みけん》に皺《しわ》を寄せ、「輪廻《りんね》」「転生」と呪文《じゅもん》のように呟《つぶや》きながら拝み始めた。男性が恐る恐る「霊が憑《つ》いているって本当ですか？」と尋ねると深くうなずき、「最近、異常はありませんか？」と悩みを聞き出した。

仕事がないと打ち明けられ、松永は「なら、うちで働けばいい」と、男性を強引に自社ビルに連れ帰ると、ビルの裏にある木造家屋に押し込めた。そこは「生け捕り」にされた従業員のタコ部屋だった。その後、約二年間、男性はそこでの過酷な生活を強《し》いられながら、高額な布団セットの販売に手を染めつづけたという〉

こうして松永は、ワールド時代に少なくとも一億八千万円を荒稼ぎした。

金儲けと平行して彼が心血を注いできたのが、女性との交際であった。本人の供述によれば、純子と交際を始めた時期も、十人程度の愛人がいた。松永は手当りしだいにナンパし、うち何割かを獲得できればいいという考えだった。彼に声をかけられたことのある、純子の同僚の供述調書の一部を記す。

「純子さんが幼稚園を辞めた後、松永から電話があり『純子と別れた。仕事のことで相談に乗ってほしい』と言われました。とても優しい口調でしたが、純子さんと別れて私に乗り換えるつもりかと思ったら少し腹が立ち、この人とは付き合わないと思いました。東京で芸能界の仕事をしていると話していましたが、とてもアカ抜けていたので、嘘《うそ》だとは思いませんでした」

まず声をかけ、少しでも自分に気があると感じれば、その女性を口説く手段は選ばない。再び、ワールドの元従業員の証言を紹介しよう（読売新聞・平成十四年九月二十三日付）。

〈ある日の深夜、松永はワールドの従業員達を叩《たた》き起こして、「おい、バンドやるぞ。おまえら楽器できるか。できないなら今から猛特訓しろ！」と唐突に宣言した。そして数百万円を出費してプロ用の楽器や音響機器をそろえ、事務所をスタジオにして、松永バンドの猛特訓を始める。ボーカルの松永は、どんなメロディーでも絶叫調になり、奏者の一人が「音がずれてますよ」と注意すると顔を真っ赤にして殴りかかり、「おまえらが、俺の歌に合わせろ！」と全員を凍りつかせた。

初公演は猛特訓から約一ヶ月後のクリスマスライブ。千百人収容の大ホールだったが、チケットを配って集まった観客は、たったの五十人ほどだった。奏者の中には結局弾けるようにならず、ぶらぶら手を動かしているだけの者もいたが、松永が怖くてノリのいい顔を装った。松永自身はラメの入ったえんじ色のスーツに身を包んで絶唱し、一曲終了するたびに客席に手を振り、「最高のイブ！」と声をかけた。彼の熱い視線の先には、当時松永がもっとも熱をあげていた若い女性がいた。彼女が音楽好きと知った松永は、「おれはバンドをやっている」と口説いたため、嘘を本当にする必要があったからだ〉

前述の純子の証言によれば、このコンサートには純子も招待されていた。妊娠中の松永の妻も来ていた。純子は松永と初めて肉体関係を結び恋情を募らせていたときで、だからこそ、妻の大きなお腹《なか》を見てショックを受けたという。おそらく他の愛人達も会場にいて、純子と同様の感情を抱いたかもしれぬが、一人の新しい愛人に狙《ねら》いを定めていた松永は、他の愛人達がどう思おうが眼中になかったのだろう。松永の気紛《きまぐ》れに翻弄《ほんろう》され、傷つき、それでも松永に従う女達のハレムが形成されていたのだ。しかも女達は純子と同様に、関係が深くなるにつれて暴力を振るわれた。本妻のA子さんも例外ではなかった。

平成四年に松永と離婚した後、一人息子と福岡県外でひっそり暮らしてきたA子さんは、「いまだに松永の顔が夢に出てくるんです。優しいときの顔も出てくるし、怖いときの顔も出てきます。目つきも顔つきもころっと変わるんです……」と話してくれた。松永と暮らしていた十年間は、凄《すさ》まじい暴力、数知れぬ浮気に耐える地獄の日々だったという。

「私は松永より年上で、知り合った頃は彼が高校生、私は社会人でした。バスで帰宅する私を、毎日バス停で待っていました。最初はかわいい出没の仕方をする年下の男の子という感じでした。毎日だと、さすがにちょっと嬉しかったです。ある日、彼がすごく悲しそうな顔で、『ヤクザの仲間に入っていて、今から相手の組員のタマを取りに（殺しに）行く。だからもう会えない』と言うんです。突然もう会えないと言われたら、やっぱり淋《さび》しくなってしまいました」

Ａ子さんは、松永の術中にまんまと嵌《は》まってしまった。

交際を始めてから松永は、様々な夢を語り聞かせた。「とにかく自信家で大きなことばかり言って、人に夢を持たせるんです」とＡ子さんは振り返る。三年の交際の後、昭和五十七年に松永のプロポーズを受け入れて結婚し、翌年に長男を出産した。

しかし、すでに恋人時代から松永の暴力は始まっていた。些細《ささい》なことをきっかけに、殴られ、蹴《け》られ、髪の毛をつかんで引きずり回された。最初のうちこそ、暴力を振るった後に「絶対にもうやらない」などと言っていた松永も、次第に態度を変えていく。

A子さんが怪我《けが》をすると「ワールド」の従業員に薬を買ってこさせるが、松永自身はケロッとして、泣いている彼女の前で愛人に電話をかけることもあった。逃げ出すことも考えたが、幼少の子供を連れて逃げ切るのは難しいと躊躇《ちゅうちょ》し、「子供を取られるぐらいなら我慢しよう」という心境に至ったという。

松永は、浮気していることも平気で妻に話していた。

「あの人が名前を出す女の人は全員、あの人と関係があるのはわかっていました。かならず毎晩、家族三人でお風呂《ふろ》に入り、その後に愛人のところに出掛けて朝方に帰ってくる。『××のアパートに行く』と言って出かけるのです。スナックを経営している母娘《おやこ》の両方に手を出して、どちらも自分に入れ込んでいるということまで報告してきたこともあります。『あなたはお母さんが本気になっている相手だから諦《あきら》めます』と書いてある娘さんの手紙を見せてもらったりもしました。最初は女に会いに行くのはやめてほしいと言っていましたが、次第に麻痺《まひ》してきて、辛《つら》いという感覚もなくなりました」

A子さんは緒方純子の存在も知っていたという。実は純子とは同じ公立小学校に通い、いっしょに遊んだこともあった。その後A子さんが転居したので交友は途絶えていたが、松永が頻繁に「久留米の安武に住んでいる緒方純子」という名前を出すようになり、「あの純子ちゃんが旦那《だんな》の愛人になっている」と知った。

退院した後の純子は、やがてワールドの事務員として働き、事務所に寝泊まりをするようになった。A子さんは三階建ての事務所ビルの一階に住んでいたが、松永から上の階に行くことを禁じられていたため、純子がそこに住んでいるとは知らなかった。ビルの出入り口で鉢合わせになったこともあったが、純子とは気づかず、新しい事務員だと思い込んでいた。純子はA子さんを「若奥様」と呼び、いつも礼儀正しく挨拶《あいさつ》を交わしていたという。

しかしある日、金融機関の担当者から「その件は事務員の緒方さんに聞かないとわかりませんね」と言われ、仰天した。自分が聞かされていた名前と違っていたため松永に問い質《ただ》すと、緒方純子が事務所に住んでいると知らされた。

A子さんは、純子が暴力を受けている場面も目撃したという。

「上からドンドン音がするたびに、またやっているなと怖くなりました。『踵落《かかと》とし』というもので、正座をさせて、踵を思いきり太股《ふともも》に落とすんです。その後に従業員や純子さんと出入り口で会うと、歩けないくらいフラフラになっていました」

やがて純子は一階の松永の自宅にも出入りするようになり、A子さんの目前で暴力を振るわれていた。

「なんであんなに耐えるのか不思議でした。私は殴られれば近所に聴こえるくらい泣きわめきましたが、純子さんは泣くわけでも、『やめて！』というわけでもない、じっと歯を食いしばっているんです。たまに『うっ』というくらい。松永の殴り方は尋常ではなく、『おまえを殴った手が痛い！』と、さらに何倍も殴りつづける有り様でした」

純子も、当時の暴行を証言している。松永は買い物にいったとき純子の所持金が足りなかったことで、A子さんと子供の前で純子を殴り、蹴り、髪の毛をつかんで引きずり回した。そしてマヨネーズを台所の床に搾《しぼ》り出して「きれいに舐《な》めろ！」と命じた。純子は全く抵抗せずに舐め続けたが、A子さんは必死になって「子供の前では止《や》めてください！」と訴えた。

バットで背中を叩かれたか、もしくは腹に膝蹴《ひざげ》りを受けたことで、純子は膵臓《すいぞう》を傷《いた》め、のたうちまわって苦しんだ末に入院したときには、担当医が純子の身体《からだ》に多数のあざがあることを不審に思って警察に通報し、柳川署の警察官がワールドのビルに来た。任意同行を求められた松永は「ちょっと警察に行ってくるから」とA子さんに声をかけて出ていったという。

そのときA子さんは夫の逮捕を確信し、「ああ、これで終わった。良かった。みんな暴力から解放されて普通に戻れる。殺人事件とかになる前で本当に良かった」と、心の底から安堵《あんど》を感じたという。しかし数時間後、松永はなに喰わぬ顔で戻ってきた。

平成四年一月、A子さんはついに松永から逃げ出す決意を固めた。正月に実家に帰ったとき、家族の目前で顔面が腫《は》れあがるほどの凄まじい暴力を振るわれたことがきっかけとなった。

A子さんの父親は松永の性格を疑い、結婚後も信用していなかったため、松永は父親の前では決して粗暴な素振りを見せなかった。しかし父親が亡《な》くなったとたん、実家でも平然と暴力を振るうようになったのである。それが結果的に、A子さんの心境の変化につながった。ひどい暴力を振るわれていることを家族に知られてまで我慢することはない、と思ったのだ。

長男を連れて逃げ出したA子さんは警察署に駆け込んでDVの被害申告をし、紹介された婦人相談所の施設で仮住まいをすることになった。松永は妻を必死に捜し、住民票をたどって居所を突き止めようとしたが、市役所の計らいで住民票を移さずに長男の転校などが許可されたため、難を逃れた。その後、離婚調停を申し立て、約二ヶ月後には松永も離婚を承諾した。

それから十年後。連続監禁殺人事件の被告となり、起訴事実を全面否認している前夫に対し、A子さんはこう語る。

「よく『俺は世の救世主だ』と言っていましたが、彼と出会った人はみんな不幸になりました。私は、いつかは死人が出るとずっと思っていました。あの人が認めるはずはありませんが、人が死んでもいいという感覚だったのではないでしょうか。嘘ついて嘘ついて、嘘の上塗りをしていくと、あの人の中ではいつしか本当のことになるんです。『自分はやっていない』と言い続けて、それが本当になってしまっている。あんな人間、二度と出てこないでしょうね」

そして同じく被告人になっている純子に対し、こう語った。

「正直言って、純子さんには申し訳ないという気持ちがあるんです。ワールド時代に助けてあげられませんでしたから。見るに見かねて、一回だけ『ごめんなさい』と言ったことがあります。『逃げて』と言ったこともあるかもしれません。でも結局私は、自分と子供に災いが降り掛からなければいいという考えになっていました。私が逃げたことで、そのあと、純子さんが松永の連れ合いとして不幸のどん底に落ちてしまったという思いと、もしあのとき逃げなかったら、私が純子さんのように家族を殺していたかもしれないという思いのどちらもあります。ときどき子供の頃の純子さんを思い出すんです。遊んでいるときの楽しそうな笑顔とか」

第三章　一人目

松永が二十四歳のときに建てた自社ビル

松永のもとから妻が逃げ去って以来、純子はいわゆる「内縁の妻」という立場に置かれ、松永との「絆《きずな》」を急速に深めていった。そこにはふたつの出来事が大きく影響している。

まず純子が実質的に、松永の共犯者になったことだ。

当初は単にワールドの事務仕事を手伝っていた純子は、松永の指示を受けて、家族や親戚《しんせき》などに詐欺《さぎ》商法を仕掛けるようになっていった。緒方家との付き合いが深かった前出の市議は、純子を子供の頃より可愛《かわい》がっていた女性から、純子に騙《だま》されて金を取られた、という相談を受けたという。純子が幼稚園を退職してから、しばらく経《た》ったときのことだ。

純子は女性の家を訪ねてきて、「いまワールドという会社で働いているんだけど、キャンペーンをやっているの。おばちゃん、カードだけ作ってくれない」と頼み込んだ。ところがカードを作ると、いつの間にか百万円が引き落とされていた。慌《あわ》てて純子に連絡をとると、柳川の本社ビルに呼び出された。そこで対応したのは社長の松永で、彼女の苦情を親身に聞き「私が責任をもって純子を処分します」と深々と頭をさげたという。しかし翌日、純子から再び会社に呼び出され、狭い部屋に連れて行かれた。純子は「私は松永から叱《しか》られたのよ！　おばちゃん、どういうつもりなの！」と凄《すご》い剣幕で捲《まく》し立て、いっしょにいた若い男も「ぶっ殺すぞ！」などと恫喝《どうかつ》してきた。女性はなんとか逃げ出したものの、「殺されるかと思うほど怖かった。もう二度と純子には会いたくない」と震えていた。

この話を聞いた市議は、「すべて松永という男が背後で操っているのだろう。あんな生真面目《きまじめ》な娘さんが、男によってそこまで変わってしまうのか」と、純子の親を可哀想《かわいそう》に感じたという。純子自身、ワールド時代にこの種の詐欺を繰り返してきたことを法廷で認めている。

昔からの人間関係や、それまでに培《つちか》ったモラルを自ら破壊する。こうした行為をするようになったら、もはや「洗脳」は最後の局面を迎えていると言えるだろう。

ワールドを手伝う頃には純子の倫理的原則は崩れ、犯罪行為に対しても、もはや嫌《けん》悪《お》感も抱かなくなっていたようだ。そうでなければ、ふたたび自殺衝動にかられてしまったかもしれない。思考を停止させ、感覚を麻痺《まひ》させることは、「生き延びる術《すべ》」とも言えるが、その代償として、純子はますます松永に依存せざるを得なくなっていった。

平成四(一九九二)年七月に松永は、純子を伴って柳川信用金庫に行き、支店長に約束手形の支払い時間の延長を求めたが応じてもらえず、支店長を脅迫し、机をたたき壊した。後日、支店長が告訴したため、脅迫・器物破損の容疑で松永と純子に逮捕状が出た。さらに警察は、二人が老女から約三百五十万円を詐取していたことも突き止め、詐欺容疑でも逮捕状を取った。

しかし、松永の打つ手は早かった。翌月、約九千万円の負債を残してワールドを倒産させ、純子を連れて石川県に逃亡したのだ。二人は指名手配されたが、七年後の時効(平成十一年七月一日)まで逃げ切ることを目標に一蓮托生《いちれんたくしょう》の逃亡生活に突入する。

石川県では受け入れ先の知人とトラブルになり、わずか一日で福岡県に舞い戻って北九州市の小倉に定住することにした。小倉は松永の出生地である。七歳のときに柳川市に引っ越したが、僅《わず》かながらも土地勘が残っていたために、逃亡生活の地として選んだのだろうか。

そして生まれた地に戻ってから、松永の「犯罪的発想」は、ますます冴《さ》え渡っていった。

まず最大の課題であった逃走資金の捻出《ねんしゅつ》については、取り込んだ人間を騙したり脅したりして、その家族や親類から可能な限りの額を搾《しぼ》り出させた。松永は奪い取る対象を「金主」と呼んでおり、判明しているだけでも四人の男女が金主として過酷な仕打ちを受け、うち二人は死亡、一人は精神病院に入院するという凄惨《せいさん》な結末を迎えている。

第一の被害者は、逃亡生活に同行していたワールドの元従業員の男性だ。松永に日常的に暴力を振るわれ、実母に送金の依頼をするよう脅迫された。金の工面ができなくなると、ますます過酷な暴行を受けるようになり、「このままでは殺されてしまう」と約三ヶ月後に逃走した。

二人目の被害者は、松永の同窓生の女性。二十歳の頃に松永と交際していたが、他の男性と結婚して三人の子供を出産し、当初は平穏な家庭を築いていた。しかし松永への愛情は続いていたのか、久しぶりに松永から電話があり、金を貸して欲しいと頼み込まれると、数回に分けて、計二百四十万円を渡している。

やがて彼女は夫や姑《しゅうとめ》との不仲を松永に相談するようになった。そして「それなら家出をすればいい。僕といっしょに暮らそう。離婚後は結婚しよう」と言われ、本当に子供達を連れて家出を決行し、後に協議離婚をした。しかし松永が用意したアパートに住み始めた彼女は、その直後から松永の暴力の標的となり、三人の子供の養育費などを理由に親や前夫へ金を無心するよう強要され、一千百八十万円を松永に貢《みつ》いだ。ついにその女性は、大分県の別府湾に飛び込み自殺をしてしまう。その数週間前に親や前夫からの送金が途絶えており、おそらく、松永の暴力もエスカレートしていたのだろう。彼女の死が「限りなく他殺に近い自殺」であったのは言うまでもない。

第三、第四の犠牲者については後述する。

純子が松永との「絆」を強めた二つ目の出来事は、松永の子供を出産したことであった。

妊娠に気づいたのは、指名手配となる詐欺事件を起こす直前だった。松永は堕《お》ろすことを勧めたが、純子の決意は固く、認知してもらえなくても産んで育てようと思っていた。「幼稚園に勤めているとき、松永の暴力がどんなに酷《ひど》くても、子供達に接しているときだけは忘れられました」と語るほど純子が子供好きであることを考えると、平成五年一月、健康な男の子を産んだときの歓《よろこ》びは相当なものだったであろう。

しかし松永にかかると、子供さえも支配の道具にされてしまう。まず彼は「自分らが捕まって犯罪者の子供になるくらいなら逃げたほうがいい」と繰り返し主張した。母親は「子供のために」というフレーズに弱いものだが、純子も例外ではなく、「そう言われると、子供が産まれるから自首をして身を潔白にしたいという気持ちより、時効まで松永といっしょに逃げ続けようという気持ちのほうが強くなりました」と語っている。補足すると、松永は逮捕後も弁護人を介して「子供のために黙秘しろ」というメッセージを純子に届けている。

金主の被害者の話に戻ろう。

小倉で逃亡生活を送ることを決めた松永達は、住まいを探すのに、JR小倉駅に近い不動産会社に赴いた。このとき応対した営業マンが、第三の金主であり、後に第一の殺人事件の被害者にもなった服部清志である。事件発覚のきっかけとなった十七歳の少女・恭子の父親だ。

松永達にとって清志は、非常に便利な人物であった。小倉に来てから数ヶ月の間に、松永は逃亡生活の隠れ家として、少なくとも六ヶ所のマンションやアパートの部屋を借りていたが、それらはすべて清志の仲介であった。接触役の純子が「田中」と名乗り、デタラメな理由をつけて物件探しを依頼した。契約するのに他人の名義（松永の愛人など）を使用していたが、清志は何もうるさいことは言わず、便宜を図り続けた。

第二の金主であった女性が別府湾沖で水死体として発見され、捜査の手が伸びるのを恐れて転居する際、純子は退去点検の立会い役を清志に依頼した。清志は即座に引き受け、戻ってきた敷金の全額、十万円を報酬として受け取っている。

そしてこの一件が、清志への松永の狙《ねら》いを決定づけてしまう。「服部という男は、金のためならできる範囲のことをするだろう」と松永は察知し、本格的に清志を取り込む計画を立てた。

まず、純子が清志を喫茶店に呼び出し、架空の投資話を持ちかけた。清志は内容も確認せずに快諾し、数日後に現金三十万円を持ってきたのだ。試しに持ちかけた稚拙な詐欺にのってきたため、松永は自ら清志に接触するようになる。

「このまえの三十万の投資の配当は時間がかかるので、手っ取り早く儲《もう》けたいのであれば、私よりもいい方を紹介しますよ」と、純子は清志を誘い出した。黒縁の眼鏡をかけて髪を七三分けにし、よれよれのスーツを着て料亭に現れた松永は、「私は宮崎と言います。コンピューター技師をしています」と自己紹介をした。

平目の刺身をつまみに日本酒を飲みながら、松永は清志に新たな投資話を持ち掛けた。それが、さまざまな人物の証言に出てきた、競馬で儲けるという話である。清志は、またしても完全に信用してしまう。「いっしょに競馬予想会社を始めよう」との誘いに飛びつき、その事業の必需品であるという最新式コンピューターの購入まで引き受けた。二人は純子も含め連日のように飲みに出掛け、松永は、いつしか清志のことを「所長」と呼ぶようになった。

ところで、いくら松永が天才的な詐欺師だとしても、ここまで容易《たやす》く騙されてしまう人物も珍しい。服部清志とは、どのような男だったのだろうか。

彼は昭和三十六年生まれで、松永や純子と同年代である。二十一歳で結婚し、翌年に長女の恭子をもうけたが、六年後に離婚して引き取った。その後内妻と同棲《どうせい》するようになり、内妻の三人の子供達も合わせ六人、北九州市門司区内のマンションで暮らしていた。

当時の生活について、清志の内妻だったB子さんは、こう述懐する。

「清志さんと暮らし始めてから三年間は本当に幸せでした。私は大手企業の系列会社で働いていたので収入が良かったし、清志さんもちゃんと仕事をしていましたから、二人の収入を合わせるとかなり贅沢《ぜいたく》な生活ができて、ライトバンを買って、子供達を連れてよく旅行に行きました。子煩悩《こぼんのう》な人で、私の子供達も『お父さん』と懐《なつ》いていました。多少は子供っぽくて我がままなところがありましたけど、ごはんを作ってくれたり、洗濯や掃除や買物をしてくれたり、仕事が忙しいときでも運動会や授業参観にはかならず行っていました」

しかし、松永と親しくなり始めてから、清志の性格や生活は激変していったという。始まりはやはり、松永がもちかけた競馬予想のビジネスだった。

「ある晩、帰ってくるなり『すごく頭のいい人と知り合った。彼と新しい事業を始める』と興奮して話し始めたんです。そして、事業の頭金が必要だから借金をすると言い出しました」

B子さんによると、清志はお金に関してだらしないところがあった。当時も、彼の多額の借金をB子さんが毎月返済していたために、さらに借りるのはやめて欲しいと、B子さんが三十万円出すことにした。

そのとき、B子さんは初めて清志の紹介で松永と純子に会った。挨拶《あいさつ》をしたい、と松永達が門司まで訪ねてきて、近所の居酒屋で会食をしたという。

「松永は『宮崎』と名乗っていました。物腰や口調が柔らかくて、愛想が良くて、女っぽい感じでしたね。『技術者として日立の系列会社で働いていて、年収は何千万円もあるけど、人間関係が嫌になったので独立して、新しい事業を始めたい。そのために物凄く勉強して最新式のコンピューターを扱えるようになって、いろいろと見えてきた』と言っていました。緒方は『田中』と名乗っていました。控え目で礼儀正しく、いつもニコニコしている感じでした。私は二人に対していい印象を持って、すっかり信じてしまいました。二人は頻繁にうちに遊びに来るようになり、私もいっしょに近所の居酒屋やスナックで飲んでいました」

やがて清志の強い要望で、最新式コンピューターを、B子さんが全額出資して買うことになった。パソコンという言葉さえあまり普及していない頃で、プリンターや置き台などを含めて約七十万円したという。

ところが、松永と清志は飲んだくれてばかりで、せっかくのコンピューターは放置されたまま埃《ほこり》が被《かぶ》っている状態だった。清志は連日朝帰りをするようになり、松永と純子が来ることもなくなった。「あの頃から清志さんは、見るからにおかしくなりました。顔色が土の色のように悪いんです。吃《ども》りのようなしゃべり方にもなりました。もともと酒好きではなく、家では飲まないし、外のつきあいでもビール程度で決して酔いませんでしたから、何で急に朝まで飲むようになったのか理解できませんでした」

清志は体調を心配するB子さんに対し、「おまえはそんな優しい言い方をしているけど、腹の中は黒いんだ!」などと暴言を吐くようになった。これまでなかったことだったので、B子さんにはショックだった。また、金の無心もするようになる。B子さんが断ると消費者金融や信販会社から通知が来るようになった。

そして松永たちと知り合って一年九ヶ月後に、清志はB子さんに唐突に別れ話を切り出し、荷物をまとめると、当時十歳の恭子を連れて社宅に引っ越してしまった。

「『こんな状態になって悪かった』と最後に言い残していきました。私は落ち込んで、しばらく何も手につきませんでした。松永にもときどき電話で相談していましたが、彼は『B子ちゃんがこんなに一生懸命になっているのに、所長はどうしちゃったんでしょうねえ』なんて私に同情するようなことを話していました」

B子さんと別居してから、清志はどのような生活を送っていたのだろうか。

清志は恭子と二人で暮らし始めたが、約三ヶ月後には松永の画策によって、恭子は松永のもとに置かれた。純子の証言によれば、「服部の娘の養育を引き受けることになるかもしれない」と松永から聞いた数日後、清志から「恭子の養育をビジネスとして請け負ってほしい」という依頼があり、月額二十万円で契約を結んだという。

しかし清志の当時の月給は二十万円（怠慢勤務のため三十万円から減給された）。これでは恭子の養育費で消えてしまう。その上、毎晩の酒盛り代も松永から要求されていたのだから、この契約には非常に無理がある。にも関わらず、多額の金を払ってでも保育経験のある純子に娘の養育を任せるようにもっていった松永の手腕はさすがのものだ。松永にしてみれば、毎月の定期収入と共に、恭子という「人質」を確保したことにもなる。

とは言っても、少なくとも純子の気持ちは純粋だったようだ。

「私には悪い感情はありませんでした。長男にとっても、お姉ちゃんができるのはいいんじゃないかと思いました。恭子ちゃんの生い立ちや見た目の印象からして、ものすごく可哀想《かわいそう》な子だと思いましたので、なんとかしてあげたい、と同意しました。最初の頃は、恭子ちゃんといっしょに料理を作ったりして、良い感じで過ごしていました」（公判証言）

松永、純子、長男、そして恭子の住まいは、小倉北区内にあるマンションMの一室であった。名義人は清志を介して清志の姉の雅子（前出）に頼んだ。まさかこの場所が、清志のみならず、純子の家族全員の殺害・解体現場になるとは皮肉な話である。

娘を預けると、清志の生活は荒廃の一途をたどった。社宅で一人暮らしをしていたが、仕事を終えると毎晩マンションMにやってきて、松永や純子と大量に酒を飲み、帰宅するのは朝の五時頃だった。

そして松永は、疲労が蓄積していく清志の弱みを握る機会を虎視眈々《こしたんたん》と窺《うかが》っていた――。

清志は酔いが回ると無頼漢気取りになり、〝武勇伝〟を自慢げに話しだす癖があった。ある晩、「俺は客から消毒作業を引き受けて、ときどきは実際にやらなくても『消毒済み』にして、消毒費を懐《ふところ》に入れるんだ。ちょっとした小遣い稼ぎになる」と話し始めた。松永がそれを聞き流すはずがない。

法廷で開示された証拠品のなかに、「事実関係証明書」なる三点の書類がある。松永の指示によって純子が保管していたものだ。署名はすべて「服部清志」となっている。

一番目の証明書には、「本来はA社（清志が勤務していた不動産会社）に入れるべき消毒費を着服していたことを認める」とある。「立会役」を任された純子の証言によれば、松永は台所のテーブルに清志を座らせて紙とペンを差し出し、居丈高に説教を始め、事実関係証明書を書くよう迫った。それまで調子良く酒を勧められていた清志は松永の豹変《ひょうへん》に驚き、顔を紅潮させて黙り込み、おとなしく証明書を作成したという。この件に関しては、自分から言い出したことなのですぐに観念したらしい。

二番目の内容は「A社での窃盗事件の犯人であることを認める」というものだ。松永は以前清志から聞いた、職場で発生した百万円の窃盗事件の話を唐突に持ち出し、「おまえが犯人だろ！」と激しく追及した。清志は必死に否定したが、最終的に自分が犯人であることを認めた。

実際に清志はやっていない可能性が高い。清志の両親は、「自分が疑われているが絶対にそんなことやってない」と清志が深刻に悩んでいたことを覚えている。もし犯人であるなら、何の事情も知らない親に、わざわざそんな話を打ち明けるだろうか。心身共に衰弱している状態で松永に長時間の詰問《きつもん》を受け、自分が犯人であるという錯覚に陥ったのだろうか。あるいは追及から解放されたいあまり、事実関係証明書を作ってしまったのだろうか。

三番目の内容は「恭子に対する性的いたずらを認める」というものだ。純子の証言によれば、恭子自身が松永、純子、清志の前で「ここに来る前に二人で暮らしていたとき、お父さんは私と風呂《ふろ》に入って身体《からだ》を触った。私が寝ているときに下着を脱がせて尻《しり》を触ったり、性器を眺めたりした」と暴露したという。「恭子ちゃんは、実にまことしやかにそういう話をしていました。松永から言わされている雰囲気はなかったです。もちろん清志さんは反論していましたが、それに輪をかけて反論していた恭子ちゃんを見て、『ほんとうなんだな』と思いました」

恭子と清志の口論に松永が入っていき、恭子の援護をしたことで、清志はますます追い詰められていった。純子は清志が追及されていたことの中で、この件をもっとも腹立たしく感じたらしく、清志に罪を認めさせてやる、という意識でその場に立ち会っていたという。

松永は清志を黙らせた後、恭子に紙とペンを渡し、「好きなように（事実関係証明書を）書きなさい」と指示した。そして恭子が台所の隅のほうで書いた文面を清志に見せて「署名しろ！」と迫り、恭子への性的虐待《ぎゃくたい》を認めさせた。

松永がどのように清志を追い込んでいったか、その様子を見ていた人物がもう一人いる。清志の娘・恭子である。

最初にまず、恭子が証言をした裁判の様子を説明しておきたい。

容疑者以外の唯一《ゆいいつ》の生き証人である恭子が検察側証人として初めて出廷したのは、平成十六年一月に行われた第二十回公判だった。その後も、ほぼ週一回のハイペースで進められた公判に通いつづけ、計二十三回、一回につき約二時間半、証言を重ねた。保護されたときには十七歳だった恭子は十九歳になっており、祖父母宅で暮らしながら夜間学校に通っていた。

証言に際しては精神的負担が考慮され、法廷ではなく裁判所内の別室で証言することと、恭子が通っている児童相談所の職員が付添人として隣に座ることが許可された。法廷の裁判官、検察官、弁護人の机の前には小型カメラとモニターが設置され、それを通じて恭子と尋問者は互いの顔を見ることができた。被告人席にいる松永と純子、そして取材記者を含む傍聴人からは、恭子の顔はいっさい見えず、声だけがスピーカーを通じて法廷全体に聴こえた。

細かな尋問に対しても、恭子は九年前からの記憶をたどって、全体的には淡々とした口調で答えていった。しばしば小声になったり声を詰まらせたり、「覚えていません」「わかりません」と言うこともあったが、年齢を考えれば、証人を引き受けただけでも勇敢な行為である。そして最後まできちんと尋問に耐えたのは、あっぱれとしか言いようがない。

証言の内容も、非常に具体的であった。事件発覚当初は、供述に曖昧《あいまい》な部分が多いと捜査員を困らせたが、約二年間のうちに記憶を蘇《よみがえ》らせていったのだろう。そしてその証言内容は、ところどころで相違があるものの、全体的には純子の証言を裏づけるものであった。

恭子の証言は、父親の清志が松永と出会い、取り込まれていく様子から始まった。

一緒に暮らしていたB子さんのことが好きだったという恭子だが、小学校四年生のとき、清志が突然学校に迎えに来て、そのまま小倉北区内の社宅に連れて行かれ、そこで清志と二人暮らしをすることになった。その社宅には「宮崎」と名乗っていた松永と「田中」と名乗っていた緒方（後に恭子には「森」が本名と告げる）が頻繁に出入りし、毎晩のように恭子を置いて清志と外出した。

その後、恭子は松永や純子と暮らすためにマンションMに移動し、近所の公立小学校に転校した。清志が毎晩通ってきて、朝方まで酒盛りをしていた。恭子もたびたびビールを飲まされ、体の調子が悪かったり睡眠不足のまま学校に行くことが多かった。

松永と清志の関係は、まったく対等ではなかった。松永がいきなり清志のカツラを剝《は》ぎ取り、初めて父親のハゲ頭を目にした恭子はびっくりしたという。以後、室内ではカツラを取り上げられていたが、清志はまったく文句を言わなかった。

事実関係証明書を書かせていく松永の手口についても、恭子は詳細に証言した。

「お父さんがマンションMに通っていた頃のことです。私は『お父さんが松永のバッグからお金を抜いた』と松永に報告しました。それは嘘《うそ》でした。松永から、お父さんのした悪いことを言わされ、十個なら十個言わないと怒られるので、嘘をついてしまいました。松永は『俺の金を盗んだだろ！』とお父さんを責めましたが、お父さんは懸命に否定して、『嘘をつくな！』と私の頰を殴りました。口の中が切れて血が出てきました。私は松永に風呂場に連れていかれ、シャワーで血を流しました。そのとき松永から『嘘をつくなら最後までつき通せ』と言われました。でもその日はお父さんは認めませんでした。

次の日、松永はふたたびお父さんを責め、私を呼んで、水が入った洗面器の前に正座させました。そして『あんたが言わんと、この子の顔を水に浸《つ》ける』と言って、私の頭を洗面器に押し付けていきました。私は両手を床につけて腕を突っ張っていましたが、洗面器に顔を浸けられそうになったときに『認めます』とお父さんは言いました。お父さんが、初めて嘘を認めたときです」

純子がとても腹立たしく思ったと語った、清志による恭子への性的虐待も、恭子の嘘であった。事実関係証明書を書かされた経緯を、恭子はこう告白している。

「私は原稿用紙に『おとうさんからされたいろいろないやなつらいことのすべて』という題で、松永から言われたことをそのまま書きました（この原稿用紙は裁判所に証拠採用されている）。お風呂でお父さんに乳首を触られた、乳房を揉《も》まれた、寝ているときに陰部を触られた、肛門《こうもん》に指を突っ込まれた、そういうことを書きました。お父さんからそんな嫌らしいことをされたことはありません。書かないと松永から叱《しか》られるので嘘を書きました。でもお父さんはその内容を認めて、『恭子に対する性的悪事のかずかずの事実関係証明書』を書きました」

職場から現金百万円を盗んだという事実関係証明書についても、そうした事実はないのに、身体に電気を通され続け、無理やり認めさせられたと話した。そして恭子はその証明書の末尾に、「お父さんの話を聞きました。私が証明しますが、なんとか警察に捕まらずに逃げきってほしいです。お金が残っているのならば、少しくらいお年玉にまわしてください」と、松永に言われるままに書いて署名した。

恭子は、同様の手口で書かれた事実関係証明書が百枚くらいあったが、清志が死んだ後、大半をシュレッダーにかけて処分したとも語った。

恭子を松永たちに預けてから約三ヶ月後、清志は退職した。自分で辞めた形を取っているが、事実上のクビである。社宅にも住めなくなったので、松永に誘われて、一緒にマンションMで暮し始めた。そしてここから、監禁状態のなか虐待を加えられるようになる。

最初の虐待は、身体への通電であった。

ここで電気ショックが人体に与える威力について触れておきたい。元ワールド従業員のNさんの供述調書によると、通電道具は高校の電気科卒の彼が考案したものだった。最初は面白半分に過ぎず、痛みも「チクリチクリ、ビリビリする程度」であった。しかし、Nさんが悪ふざけで他の従業員に試していたところを松永が目撃し、並々ならぬ関心を示し、虐待に使用できるように道具を「改良」していった。

威力を最大級にするため、電気コードの導線を剝《む》き出しにして、手首や足首、上腕部、太股《ふともも》などに巻き付けた。そして、電気コードのプラグを延長コードのコンセントに差し込み、抜き出し、差し込み、抜き出し、と素早く繰り返す。

「導線が肉に食い込み、締め付けられ、ちぎれるような熱感でエビのように身体がよじれ、息ができず、歯を食いしばった」「通電箇所にびらんになるほどの火傷《やけど》が生じた。両手首に巻かれて通電されたときには脳天にドカンと突き上げられる衝撃で、目の前が真っ暗になり、倒れて気を失った」……Nさんの証言が物語っているように、松永版の通電道具は絶大な威力を発揮した。以来、ことあるごとに従業員達は通電の標的にされた。

電気ショックの恐怖に脅《おび》える従業員達は競い合って松永の歓心を買うようになる。松永はその心理を利用し、お互いに密告させたり、自分の目前で罵《のの》り合いをさせたりして、従業員達が結束して抵抗してこないように仕向けた。しまいには従業員同士で通電しあう光景が常態化した。「松永は通電の苦しみを見るのが面白くて楽しい様子で、女性に電話しながら、笑顔でジェスチャーで通電の指示を出していた」とNさんは振り返る。

純子の証言によれば、清志に対する通電も、最初は悪ふざけで始まったという。しかし通電の回数は徐々に増えていき、やがて「虐待としての通電」が始まる。遊びと虐待の違いは、制裁の意味合いがあるかどうかだ。「虐待としての通電には、どんなに理不尽なことであっても何らかの理由があって、通電の前にはかならずその理由が説明されていました」という。

純子の証言に基づいて、虐待の場面を再現してみよう。

毎晩九時頃から始まるマンションMでの飲酒の席。突然松永が清志の言動を責め始める。

「おい、電気！」

松永のこの一言で、純子は速やかに二種類の電気コードを用意する。一本は二股《ふたまた》に裂いた導線の先端に金属製のワニロクリップを装着したもの、もう一本は電源のコンセントにつながっている延長コード。以前は導線を直《じか》に巻き付けていたが、身体に付けるのが簡単で衝撃が強すぎないワニロクリップを利用するようになった。

クリップを挟む部位は、松永の命令で決まった。腕、太股、乳首、顎《あご》、耳……。通電を受ける際の姿勢も命じられ、多くの場合は、つま先立ちで深く腰を降ろしたまま上体を正す「そんきょ」の姿勢を取らされた。そして通電する理由を告げてから、二つのコードの瞬間的な接触を何回も繰り返す。純子にやらせることも多かった。通電時間は断続的に一時間以上に及ぶのがざらで、その最中や合間に、説教や尋問が行われたという。

「よし、終わりだ」と松永が言うと、清志は休憩時間を与えられ、体育座りが許された。「ご苦労さん」と松永から勧められた酒やビールを、朦朧《もうろう》としながら飲み干す。こうして、松永が飲み終える朝五時頃まで通電は何度も行われた。「松永は清志さんへの通電を酒の肴《さかな》にしている印象がありました。通電理由は些細《ささい》なことばかりで憶《おぼ》えていません」と純子は語っている。

だがしかし松永は、単なる気まぐれで通電を繰り返していたわけではなかった。最大の目的は、金を搾《しぼ》り取れるだけ搾り取ることだ。

もっとも、松永は「金を払え！」「金を作ってこい！」と恫喝《どうかつ》するような単純な方法はとらなかった。「松永は金を払わないことを通電の理由にはしません。『これはお金を作ってこいと言っているんだな』と思わせるような、遠まわしな物言いをして通電を繰り返しました」と、純子は言っている。相手を誘導して、最終的な決断はかならず本人に下させ、自分は責任を取らない。松永のポリシーは、虐待をするときにおいても、徹底して貫かれていた。

清志には、こぶしで顔面を殴る、ペンチで挟んだり抓《つね》ったりする、身体に嚙《か》みつく、といった虐待もおこなわれた。松永は純子と恭子に指示を出すとき、自ら手本を見せ、「めくらめっぽう殴るのではなくて、歯茎のあたりを叩《たた》け。そこであれば顔が腫《は》れずに効きがいい」「挟むよりもつねるようにやれ。ペンチの先でちょっとだけ肉を摘《つま》んでねじ切るようにするんだ」など、丁寧に効果的なやり方を指導した。

身体に嚙みつく役目は、恭子のみに与えられた。「嚙みつけ！」という松永の一言によって恭子は忠実な番犬のように、父親の身体を思いきり嚙んだ。そのときも、脇《わき》腹《ばら》や太股の内側、二の腕の内側などの柔らかい部分を嚙め、といった細かな指示が出された。

さらに清志は、生活上の様々な制限を課せられた。例えば、こんな具合である。

《服装・姿勢の制限》

真冬でもカッターシャツと長ズボン。しかも袖《そで》と裾《すそ》を捲《めく》りあげることを強要された。通電のときだけでなく、食事や飲酒のときもそんきょの姿勢をとらされるようになった。電流の衝撃によって尻餅《しりもち》をついたり体が吹っ飛ぶと、演技だと疑われ、罰としてさらに通電を加えられた。

《就寝の制限》

いびきが大きいという理由で、台所から玄関付近へと寝場所を移された。「横に寝かせるから、いびきが出るんだ」と松永は言い出し、清志を四枚の簀《す》の子《こ》を組み合わせて作った木製の囲い（「檻《おり》」と名付けられた）に閉じ込め、体育座りで寝かせた。さらに手首をひもで縛られ、そのまま手を上に吊《つ》られて檻の蓋《ふた》に括《くく》り付けられていた。

やがて、扉と窓に南京錠《ナンキンじょう》がかかった浴室に常時閉じ込められるようになった。そこから出られるのは、酒の席に呼ばれるときか台所で通電されるとき、松永達が入浴するときに限られた。真冬でも、まともな寝具も与えられなかった。当初あった簀の子と毛布は捨てられ、終《しま》いには週刊誌を敷いて新聞紙を掛けるだけになった。セラミックファンヒーターや布団《ふとん》乾燥機が与えられても、松永の許可なしではスイッチを入れてはならなかった。

《食事の制限》

清志の食事は一日二回、基本的には白米（もしくは麺《めん》類）と生卵一個で、おかずが与えられたことはなかった。カロリーメイトだけの時期もあった。

そんきょの姿勢をしている清志の前に新聞紙が敷かれ、そこに食器が置かれて「今から何分以内で食べろ」と伝えられる。基本的には十五分だが、松永の気分で短くなることも多かった。純子がキッチンタイマーで時間を測った。制限時間内に食べられないと、主に両顎へ通電を加えた。食べている最中からクリップをつけるときもあった。

《入浴の制限》

不潔なものが嫌いな松永は、ほぼ毎日、清志にシャワーを浴びさせたが、真冬でも水しか使わせず、身体《からだ》を洗うのに亀《かめ》の子《こ》たわしを与えた。清志の腕が不自由になると、「ここがいちばん冷たさを感じるんだ」と純子や恭子に指導しながら、首の後ろを狙《ねら》って水を浴びせた。その間に洗濯もさせていたが、替えの服はないため、乾かしている間、清志は真冬でも全裸だった。

《排泄《はいせつ》の制限》

トイレに行くには松永の許可が必要だった。浴室に閉じ込められてからは、小便はペットボトル、大便は一日一回と制限され、トイレに行くときはかならず焦《じ》らされた。

清志がトイレに行く度に、純子は浴室から洗面所、トイレまでの床に新聞紙を敷き、清志は全裸で新聞紙の上を歩かされた。便座に尻をつけてはならなかった。入っている間は扉を開けっ放しにして、純子が監視していた。清志がきちんと尻を拭《ふ》いたかも純子は監視しなければならず、毎回清志の尻を広げて肛門がきれいかどうかチェックした。

清志が大便を漏らしたときは、罰としてその全部を食べさせ、便が付いたパンツは捨てられ、大人用のオムツをはかされた。

清志に対する虐待《ぎゃくたい》に関しては、恭子も法廷で詳細に証言している。

「私はお父さんを嫌いになったことはありませんが、松永から『ちくりノート』という手帳を渡されて、お父さんの悪いところを何でも書くように命令されました。松永は『お父さんはお金を借りるのが仕事で、あんたはお父さんの悪いところを見つけるのが仕事』と言っていました。私はお父さんの行動を見張って、悪いところを書いて、松永に報告しました。命令通りに書かないと、私が松永から怒られました。だから私は、たくさん嘘を書きました。松永はそれを読んで、お父さんに電気を通しました。ひどいときは半日以上通電して、お父さんは全身を痙攣《けいれん》させて何度も気絶していました」

恭子は、過酷な制裁を受けている父親の屈辱的な姿を、鮮明に覚えていた。たとえば食事のとき。両顎に通電され、食べ物が口から飛び出て床に散らばってしまい、「もったいない!」と叱《しか》られながら拾って口に詰めこむ父親の姿。トイレに行けないので漏らしてしまった下痢便を食べるよう命じられ、汚れたパンツごと口に詰めてチュウチュウと吸い、尻の便を拭き取ったトイレットペーパーも水といっしょに飲み込み、オエオエと涙を流している父親の姿……。恭子はこうした場面を驚くほど淡々と語っていったが、「それを見ていたあなた自身はどう思っていましたか」と検察官に問われたときには、語気に力を込めて、「松永がお父さんを人間扱いしていないと思っていました」と即答した。

恭子の証言によれば、彼女もまた、父親と同じような生活制限を強いられていた。食事は、ごはん、インスタントラーメン、うどんのみで、松永の機嫌が良いときは卵がついた。父親と同様にそんきょの姿勢を取り、床に敷いた新聞紙のうえで食べ、八〜十分の制限時間内に食べられないと、殴られたり電気を通されたりした。

檻のなかで、父親と向き合って体育座りで寝た。浴室に移ってからは、寝具は真冬でも新聞紙五枚のみで、寒くて眠れないことが多かった。水シャワーも父親といっしょに浴びた。小便はその場でペットボトルにした。

夜中の三、四時ごろに寝ることを許され、朝七時頃には起こされた。授業中に居眠りをして、教師からもたびたび叱られた。恭子が学校に行くときも帰ったときも、父親は浴室で立っていた。帰宅すると彼女もすぐに浴室に入り、寝る時間まで父親と並んで立っていた。宿題をやることさえ許されなかった。

次第に貧血を起こしたり、吐き気を催したり、五年生のときに始まった生理が二、三ヶ月遅れることが多くなった。マンションMで暮らす前は、クラスで後ろから二番目の身長であったが、それ以降はほとんど伸びず、ついには前から二番目になった。

虐待の本格化と同時に、清志は、松永に命じられるまま親や友人に金を無心したり、サラ金からの借金をくり返すようになった。純子は、清志が計一千万円ほど調達したと証言している。内訳は実父から五百万円、実母から百万円、親友から五十万円、元上司から百三十万円。サラ金からの借金額を純子は憶えていなかったが、単純に逆算すれば、二百二十万円ほどになる。

しかし、このような状況は長くは続かない。両親や友人に借金を断られるようになり、疎遠《そえん》になっていた元同僚を泣き落として十万円を借りるなどしたものの、やがて、完全に金の工面ができなくなった。

純子と恭子の証言によれば、金の工面ができなくなってから、清志への通電は凄惨《せいさん》を極めた。指に導線を巻き付けられて電気を通され、肉が溶けてケロイド状になり、骨が見えていた。応急処置でオキシドールを塗って油紙と包帯を巻いたが、指の間が癒着するという後遺症が残った。また、檻に閉じ込めてからは、腕の動きの異変が顕著になった。恭子の証言である。

「その頃は、台所の檻の中にお父さんは入れられて電気を通されていました。両腕に通電されたとき、苦しそうな顔をしていました。腕が跳ね返って、檻がガクガク揺れました。やがてお父さんの腕があがらなくなりました。

松永から『マッサージをしろ』と命令されて、私はお父さんの腕のマッサージをしました。いくらやっても手の平はだらんとしていて、力が入らない状態でした。でも『手を動かせるようにしないと、あんたもいっしょに電気を通すよ』と言われていたので、私は嘘《うそ》をつきました。マッサージしながら手首から少し上の腕の内側を親指で押すと、ちょっと動くように見えるので、『動いています。動いています』と報告すると、松永はそれを見て本当に動いていると信じているようでした」

純子の証言では、清志の腕が上がらなくなってから、松永は通電を中止し、清志の手は回復してきたということだった。しかし恭子は、手が不自由になってからも通電は情け容赦なく続けられ、手の状態はますます悪化していったと語った。清志事件に関する二人の証言では、この部分がもっとも食い違うところである。

この違いについては、おそらく恭子の記憶が正確だろう。なぜなら彼女は、清志の手が不自由になって以降、スプーンで清志の口に食べ物を運んでおり、制限時間を守れないと恭子自身も通電されていた。よって、純子よりも切実に清志の状態を見ていたと言える。

恭子の話は、あまりに痛々しい。

「手が動かなくなってからもお父さんは風呂場《ふろば》から連れ出されて、電気を通されていました。フラフラ歩いていると、松永は『急げ！』と怒りました。台所まで移動させるとき、下駄をはかせたり、足の形の大きさに切った段ボール紙を移動させて、そのうえを歩かせていました。手が動いているときは、お父さんは自分で足形の紙を移動させていましたが、不自由になってからは、私がずらしながらいっしょに移動していました。

松永はお父さんを、汚いと思っていたようです。台所に呼び出して、すぐに風呂場に戻したこともありました。『臭いけ』『汚いけ』と言って、お父さんに消臭スプレーをかけていました。

松永はお父さんに電気を通しながら、『あんたみたいな人間は死んだほうがマシたい』と何回も言っていました。私は『お父さんを殺そうとしているんじゃないか』と思いました。緒方も、松永の命令でお父さんに電気を通したり叩いたりして、松永がいなくても手を抜くことがありませんでした。私には松永と緒方が悪魔に見えました」

平成七年の暮れごろから、清志の言動がおかしくなってきた。「えんま大王様が……」とぶつぶつ呟《つぶや》いたり、「手首から糸が出ている」と言って、糸を引くような動作をくり返すようになったと、純子は証言している。また、恭子も、通電後に清志が松永に向かっていきなり土下座し、「恭子がいつもお世話になっています、宮崎様。自分も恭子もここまでこれたのは宮崎様のおかげです」と言いながら頭を床につけたというエピソードを語った。それを見た松永は、「あんたもお父さんを見習え」と恭子に言い、清志も恭子の背中を押して土下座させた。

清志の言語障害らしき症状は次第に顕著になり、吃《ども》りがひどく、言葉が出にくくなった。身体は極度に痩《や》せ細り、顔色はどす黒くなり、表情も消えていったという。

「清志さんは廃人のように見えました」とは純子の弁である。

凄惨な通電や生活制限を受けていた清志の内心は、もはや知る由《よし》もない。しかし、純子と恭子の証言からは、清志が通電や厳しい制限に逃げ出しも刃向かいもせず、「やめてください」の一言も発しなかったという事実が浮かび上がってくる。その理由を裁判官から問われ、純子は「監視や施錠などで物理的に不可能だった」「恭子を連れ出したり置き去りにするのが不可能だった」と推測しているが、そもそも清志には、反抗する気などなかったのではないか。

おそらく当時の清志は「学習性無力感」という状態にあったのだろう。これは、心理学者のレノア・ウォーカー博士が唱えた説だ。実験的に檻に閉じ込めた人間や犬などに電気ショックを与えつづけると、当初は逃げようとしていても、次第にそれが不可能だと学習し、無抵抗になっていく。そしてしまいには、扉を開けても檻から出なくなる。松永が清志に続けた「廃人化」のプロセスは、まさにこの〝実験〟と同じである。

また、前出のハーマン医師によると、強制収容所における囚人達の最終的な心理段階とは、生きる意志や自殺する気力さえも失《な》くし、絶対的受け身の態度に徹することだという。こうした囚人達は「もはや食物を探そうとも暖をとろうともせず、殴られるのを避けようともせず、生きながらの死者とみなされた」。純子の目に「廃人」と映った頃には、清志はすでに、この最終段階にさしかかっていたのだろう。

そして「彼らは必ず死に至る」とハーマン医師が言う結末は、清志にとっても避けられるものではなかった。彼に奇跡は起きなかった。

清志が死亡した平成八年二月二十六日の様子を、恭子は次のように証言している。

「いつも学校から帰る途中に公衆電話で『これから帰ります』と連絡を入れることに

なっていました。その日は緒方から『あんたのお父さんがうんこを漏らしとるけ。早く帰って掃除をし』と言われました。急いで戻ると、お父さんは風呂場の洗い場であぐらをかいて、上半身を前のめりに倒して額を床につけていました。その頃のお父さんは、首がすごく細くて、筋や喉仏《のどぼとけ》が浮かびあがっていて、お腹《なか》がへっこんでいました。足は膝小僧《ひざこぞう》や骨だけが出た感じでした。目はギョロッとしていましたが、力が入っていない感じで、頬がすごく痩《こ》けていました。

洗い場のあちこちに柔らかいうんこが散らばっていたので、私は一人で掃除を始めました。緒方は私とお父さんを監視していました。うんこをゴミ袋に入れて、洗い場に敷いてある雑誌を片付け、シャワーで床と壁を洗いました。掃除の最中もお父さんは風呂場にずっといました。雑誌を取るときに、お尻《しり》をちょっと浮かせた以外は、ずっと同じ姿勢のままでした。

突然、お父さんはグォーグォーといびきのような音を立てました。シャワーを壁や床にかけていた私は、びっくりしてお父さんを見ると、同じ姿勢のままぐったりしていました。

松永が風呂場に来て、お父さんの様子を見て、『あんたがごはんを食べさせていないからだろ』と緒方に言いました。お父さんを浴室から運び出して、台所の床に仰向けに寝かせました。松永が突然、通電すると言い出しました。緒方が、お父さんのシャツを脱がせてから左胸とその後ろ側の背中にクリップを取り付け、松永が十回くらい電気を流しました。お父さんは通電された瞬間にピクッと動いた感じがした以外は、ぜんぜん動きませんでした。目も開けませんでした。私はそのとき『お父さんは死んじゃったんだな』と思いました」

清志が死亡した時の純子の証言は、いくつかの点で恭子の話と相違があったものの、大筋では一致している。

清志が死んだ後、松永は恭子に、「あんたが掃除しよるときに、お父さんの頭を叩《たた》いた。だから死んだんだ」と言いがかりをつけ、「私がお父さんの頭を叩いて、お父さんは頭を壁にぶつけて死にました」という事実関係証明書を作成させた。

さらに松永は、清志の身体《からだ》に多数の噛《か》み痕《あと》が残っていることに触れ、「いま病院に連れていったら間に合うかもしれんけど、あんたの噛み痕があるけん。警察沙汰《ざた》になってあんたが捕まるけん」と脅した。恭子はこの話を鵜呑《うの》みにし、「バレたら警察に逮捕される」と思い込んでいた。

その後、三人は酒を飲んだ。恭子も飲むよう命じられた。そして、こう切り出された。

「バラバラにして捨てるしかないが、あんたたちが解体しろ」

解体作業はその日の晩から始まった。台所の天井からシートをぶら下げて仕切りを設け、浴室の窓には黒いビニールを貼《は》り、死体の両脇《りょうわき》と足を持って浴室に運んで寝かせた。

「まず血抜きをしよう」

首と手首の血管を切り裂き、血液が流れる方向にシャワーを勢い良く流しつづけるという血抜きの方法を教えると、松永は「あんたたちが切り込みを入れろ」と命じた。最初に緒方が首に切り込みを入れ、包丁を恭子に渡したが、包丁の柄を握りしめたまま恭子は立ち尽くしていた。純子は松永に指示され、恭子の手をとって一緒に柄を握り、誘導しながら包丁を動かして、首や手首に切り込みを入れていった。

血抜きを終えると、包丁やノコギリで身体を切断した。「素人《しろうと》ながら丁寧に解体しました。松永から『死因がなんであるかきちんと観察しろ』と指示されていましたし、自分自身もなにが原因で清志さんが死んだのか探りたかったですし。自分達のせいで死んだなんて思われたくありませんでしたから……」と純子は振り返っている。

腹部から臓器、頭部から脳みそを取り出してしげしげと観察したが、死因が分かるはずもない。結局、死因解明は断念し、できるかぎり細かく、場合によってはみじん切りにしていった。

死体をバラバラに解体する犯罪は少なくないが、解体された死体は、せいぜい山林に埋めたり海に沈めるのが関の山だ。しかし松永は、この点に関しても非凡であった。

彼はまず、切断部分を少しずつ家庭用鍋《なべ》に入れて煮込むよう指示した。さらに長時間煮込んで柔らかくなった肉片や内臓をミキサーにかけて液状化し、幾つものペットボトルに詰め、それらを公園の公衆便所に流させた。粉々にした骨や歯は、味噌《みそ》といっしょに団子状に固め、クッキー缶十数缶に分けて詰め込んだ。そして大分県の竹田津港まで赴き、夜更《よふ》けにフェリー船上から味噌団子を散布した。解体に使った包丁やノコギリは川に捨て、浴室や台所は徹底的に掃除し、清志の着ていた衣類もシュレッダーで刻んで捨てた。

すべての解体作業が終了したのは、清志の死から約一ヶ月後だった。

ここで、信じがたい事実を指摘しておきたい。実は解体作業中、純子は松永の二人目の子供を身ごもっていて、出産予定日間近の臨月だったのである。

彼女は解体終了日を検察官から尋ねられて「平成八年三月二十一日」と即答したが、それをはっきり記憶していたのは、解体直後に陣痛が始まり、大分県内の産院までタクシーを飛ばして、翌二十二日の午前零時頃に次男を出産したからに他ならない（次男は健康体で産まれた）。

身重の体ながら虐待《ぎゃくたい》を実行し死体を解体するという、常軌を逸した作業を忠実に成し遂げた純子の心理状態とは、一体どのようなものだったのだろうか。

それを紐解《ひもと》くにあたり、まず注目すべきは、純子自身も通電の対象になっていたという事実だ。松永だけではなく、清志や恭子、そしてまだ幼い長男からも、松永が手を添えながら通電されていたのである。

また純子は、常に松永から監視されていた。たとえば、買物などで外出する際には、携帯電話でこまめに松永に連絡を入れなくてはならなかった。マンションから出たときに「いま出ました」、スーパーマーケットやコンビニの前では「着きましたので、今から入ります」、店内では「何を買いましょうか」、店を出ると「いま出ました」……。連絡を怠れば帰宅後に通電される。また、松永からも不規則に電話が掛かってきて、出られなかった場合も、帰宅後に通電された。

このこまめな連絡義務と抜き打ちのチェックは、「たとえ外にいても松永から常に監視されている」という恐怖心を植えつけた。「外出中にトイレに行くことは考えられませんでした。どうしても我慢できない場合は、『いまから行ってもいいですか』

と連絡して許可を得ていました」というように、家にいるときと同様、外でもトイレすら自由に行けなかったのである。

清志に通電をするときも、純子は恐怖心に縛られていた。松永は通電する部位や回数を指示してから、寝たり外出することがあったが、純子が手加減したことはなかった。松永が突然現れて、抜き打ちのチェックが入るからだ。もし手加減が見つかれば、制裁を受ける。松永の指示を聞き漏らしたときは、長年の経験から、より厳しい制裁を加えた。そうすれば大概は誉《ほ》められ、自分に危害が及ぶことはなかったという。

この話に象徴されるように、純子は清志を犠牲にしてでも、自己保身に徹していた。その背景には、胎児を守らなければならないという責任感もあったのだろう。実際、通電を受けているときは、胎児への悪影響を心配していたという。清志を実家に帰そうと松永に進言したことはあったが、これとて清志を助けたいという気持ちからではなかった。「面倒をみるのが嫌だ、不経済、長男の教育に良くない、不衛生、精神的な負担が大きいなどの理由で、清志さんとの同居をなんとか避けたいと思ったから言いました」と明かしている。

しかし逮捕後に純子は、刑事から一枚の写真を見せられたのをきっかけに、清志に対する罪悪感を強く感じることになる。その写真は、監禁中の清志の姿を松永が撮影したものだった。そんきょの姿勢を取り、無精髭《ぶしょうひげ》を生やし、頬が痩せこけ、目はうつろで、手足や顔などには赤黒い斑点《はんてん》がいくつもある――。当時、純子は清志が死ぬとは思っていなかったが、写真を見たときに、「客観的な立場から見て、『ああ、死んでしまう』と思うくらいひどく、ショックを受けました。自分達がやってきたことのショックです」と語っている。このとき以降、純子は、清志事件についての供述をするようになった。

そして次第に思い出してきたのは、刻々と死に近づいている状況下においても、「元気な赤ちゃんを産んでくださいね」と声をかけてきたり、松永の制裁から純子をかばおうとする清志の優しさであったという。たとえば、清志の身体にあったかさぶたを、純子が触ってずらしてしまったとき。松永はかさぶたに触ることを禁じており、「かさぶたチェック」で発見すると、清志に制裁の通電を加えたが、清志は松永に事実を告げなかった。「そのことについては、今でも清志さんに恩義を感じています」と純子は言っている。

それにしても、松永が加える凄惨《せいさん》な虐待は、金策を強要するためだけとは考えにくい。純子も検察官から清志への虐待の目的を再三訊問《じんもん》され、「わかりません」と繰り返していたが、検察官とのやりとりのなかで、貴重な供述をしている。

純子によると、松永は人間をランク付けする習性があり、最下位の者に虐待を加えていた。ワールドの従業員や同居人は、ピラミッド型ではなく縦一直線に序列が決められていた。もちろん内妻の純子も序列に入っており、通常は清志より上にいたが、一番下に置かれることもあったという。その序列は、もちろん、頂点に立つ松永が決める。

松永は、子供の頃からワンマン的なリーダーだった。おそらく取り巻き連中に悪さをさせているうちに、ランク付けの習性を身に着けたのだろう。雇用関係が生まれたワールド時代には、さらに露骨にランクを付け、最下位の従業員への虐待もエスカレートしていった。

絶対服従の奴隷《どれい》を何人も従え、気紛《きまぐ》れでランクを入れ替え、最下位にいる者には過酷な虐待を加える……この「快楽」に、松永は病みつきになったのではないだろうか。

そして、その奴隷達から金を巻き上げられれば一石二鳥だ。

不幸にも松永の餌食《えじき》となった者は、純粋な性格だが間が抜けている、実家がそこそこ裕福である、子供がいる、といった特徴がある。こうしたターゲットに、松永は容赦なかった。身につけていたサディスティックな発想力に加え、監禁虐待に関する書物も読み漁《あさ》り、多彩な制限や虐待を加えていった。そして、それらが与えるダメージを、楽しみながら観察していた。

しかしその結果、清志は本当に命を奪われた。これを「快楽殺人」と呼ばずして、何をそう呼ぶのだろうか。

一方、清志の件に関して、松永の主張は大きく異なる。

まず競馬予想事業については、デタラメな話ではなく、かならず儲《もう》けを生み出す事業として計画を進めていたと主張し、「データを使ってきちんとやれば、いまでも利益があがると確信しています」と言い切った。では、なぜそれほど確実に儲かる事業を頓挫《とんざ》させてしまったのだろうか。その理由については、「B子さんが『私が買ってあげたものなのでコンピューターを返してください』と要求してきたので、従わざるを得なかったからです」などと述べている。

しかし純子の弁護人は、松永の言い分の矛盾点を突いた。

弁護人「酒代として毎月二十万から三十万円を使っているならば、数ヶ月お酒を我慢すればコンピューターを買えるではないですか」

松永「それは先生みたいに着実にやっていける人間の言うことで、私達みたいに酒が好きな人間は、そういう目的があっても、ついついお酒に金を使ってしまうんですよ。だらしないと言われればそれまでです」

弁護人「確実に儲かるというのなら、誰が考えてもお金をためてコンピューターを再購入して事業を始めるのではないですか」

松永「先生みたいに頭のいい方はそう考えても、お酒が好きな人間はお酒に使ってしまうんです。それは弁解の仕様がありません。私は逮捕されて留置所に入って、ようやく酒をやめられたくらいです。理屈ではわかってもやめられないのが、酒飲みの性分じゃないでしょうか、先生」

この質疑応答に象徴されるように、尋問で松永を追及しても、煮ても焼いても喰えないような答弁がポンポンと返ってくる。尋問者も、だんだんとバカバカしくなっていくようだった。ある検察官は「松永に反対尋問してもあまり意味がない。無駄に公判が長くなってしまうだけだ」と記者達に漏らし、異例の短さで反対尋問を切り上げている。

実際に松永の答弁を聞いていると、まるで漫談を聞いているかのような錯覚に陥ることさえあった。犯罪史上まれに見る凶悪事件の公判であるにもかかわらず、彼が話し始めると、一気に緊迫感がなくなるのだ。取材記者や一般傍聴者のみならず、強面《こわもて》の検察官や弁護人まで爆笑させてしまう松永の答弁を、もう少し読んでいただこう。

数々の事実関係証明書を書かせたのは、清志に反省を促すという意味だったと松永は言い切った。そして恭子に対する性的悪事の証明書を書かせた経緯について、こう述べた。

「恭子ちゃんを預かる前から、飲んでいるときに清志さんは、『私たち親子は絆《きずな》が強いんだ。普通の親子より仲が良いんだ』と自慢しているふしがありました。どういう絆なのかと聞くと、恭子ちゃんとエッチなことをしているという内容の話を始めました。あんまり自慢げに話すので、本当のことだと思いました。私が『それは仲が良いのとは違うんじゃないですか』と言っても、清志さんは『いや、あなたにはわからない』ととくとくと述べていました。こんな場面を目撃したこともあります。飲酒の席で清志さんが『おい、触れ！』と言うと、恭子ちゃんが清志さんのチンチンを触り始めたのです。自分はびっくりして、きょとんとして『凄《すご》いですね！』と言いました。純子はそのとき台所で料理を作っていました。また、恭子ちゃんからも打ち明け話を聞きました。私が『清志さんに反省させないで放っておいたら、もっとひどくなる。いかんことはいかんとわかってもらうために、一筆書いてもらおう』と言うと、純子も賛成してくれたので、説得して書いてもらいました。清志さんは不満を言わず、さばさばしていました」

そしていずれの件も、書面作成の際に暴行や脅迫をしたことはなく、作成後は和やかに酒盛りをしたと語っている。

実は松永は公判廷で、清志へ通電を加えたこと、生活上の様々な制限を与えたこと、浴室に監禁したこと、清志が死亡したこと、死体を解体したことを認めている。しかし松永が語るそれらの出来事は、純子の証言とは全く異なるストーリーに仕立てられており、徹底的に自分を正当化したものであった。

「私が清志さんに行った通電は、虐待ではなく、『秩序型通電』と言います。秩序とは、共同生活するにあたって、返事をするとか、挨拶《あいさつ》をするとか、タオルなどの日用品は自分のものを使う、人の物を取らない、冷蔵庫を勝手に開けないなどのことです。そして『エレクトロニクスを扱っている自分たちは、暴力の代わりに通電を行って秩序を守るんです』と説明して納得してもらい、清志さんに『通電デビュー』してもらったのです」

「その後、清志さんがルール違反をしたときに私は、『今度で一本！』と言いました。初めに注意をして、また同じことをしたら通電をしますという警告です。清志さんが『普通、三度じゃないですか。仏の顔も三度までと言うでしょ』と言うので、『いや、私は仏ではないから、二度目から通電しますよ』と言って納得してもらいました」

そして、通電の前には理由を説明して納得してもらっていた、事前に伝えた回数だけ通電し、終われば「お疲れさま」と酒盛りをした、とも主張した。

清志に課した厳しい生活制限に関しても、微に入り細にわたり説明を加えている。ほんの一部になるが、紹介しよう。

まず就寝制限については、清志のいびきには悩まされており、通信販売で腕に取り付ける「いびき防止器」を一万円で注文したが全く効果はなかったなどと説明したうえで、いびき対策として風呂場《ふろば》に寝てもらい、清志本人も納得していたと主張した。食事については、マンションMでの同居前は清志の好みに合わせ、無理して脂《あぶら》っこいものを食事や酒のつまみに出していたが、同居後は、「あっさりしたものが好きな自分達の食事に合わせることを清志に納得してもらった」そうで、その結果、うどんやラーメン、カップラーメン、レトルトカレーなど選択肢が少なくなったという。つまり、それが普通の食事で、清志だけ特別に粗食だったわけではないというのだ。しかしこの点に関して恭子は、「松永と緒方と長男は、肉、魚、野菜、刺身、などをいつも食べていました。松永の好物はマーボ豆腐でした」と明言している。

清志がどんどん痩《や》せていったことは、写真も押収《おうしゅう》されているため、松永も認めざるを得ないが、「本人が肥満を気にしていたので良かったんじゃないでしょうか」と悪びれる様子は微塵《みじん》もなかった。

さらに言いたい放題の答弁は続く——。

「『栄養満点スペシャルメニュー』としてカロリーメイトを与えていたことはあります。清志さんが『豚のように太ってもいいから、栄養があるものを食べさせてくれ』と文句を言ってきたので、栄養があってバランスがあると宣言しているカロリーメイトを食べてもらうことにしたのです。清志さんも納得して食べていました。清志さんは三箱から五箱（十二本から二十本）を一度に食べていましたが、三種類の味があるので、ぜんぜん飽きなかったみたいです」

「清志さんが水シャワーを浴びていたのは事実です。冬の寒いときに冷たいシャワーはひどいと思われるかもしれませんが、水を全開にし、お湯を全開にして、それが混じって、温度が高めの水になる。要するに、温かい水になる。それを使っていたので『おお、冷たい』という水ではありませんでした。清志さんは『かかっているときは冷たいけど、洗ったあとは身体《からだ》が温《ぬく》もります』と納得していました」

「清志さんの大便の回数を制限していたのは事実です。制限しないと、あの人は一日に四、五回も『トイレに行かせろ』と言うので、一日二回にしてもらいました。トイレを掃除するのは純子の役目なので、私は文句を言いました。純子も愚痴を言っていました。でも三回以上、トイレに行っても制裁はしませんでした。便座を使うのを禁止していたのも事実です。清志さんが大便をすると、勢いが強いので、便座の後ろや蓋《ふた》に大便がついていました。『あんなに勢いよく大便をするなら、掃除が大変ですから、しばらく便座を使わないでください』と言ったら、『はい、わかりました』と清志さんは納得していました」

「清志さんに大便を食べさせたことはあります。浴室内に大便らしきものがあったので、『これは大便じゃないですか?』と聞くと、違うと言い張るのです。『じゃあ、食べれるということですね?』と言うと、『うん、食べれますよ』とさらに意地を張って、本当に清志さんはそれを食べました。大便かどうかは今ではわかりませんが、私が指示したのではなく、清志さんは自分で食べたのです」

清志から金銭を受け取っていたことについては、その事実は認めながらも、「私が独り占めしたことはなく、あくまで清志さんを含めた共同生活者全員の生活資金として使っていたのです」などと居直っている。さらに、亡《な》くなる前の清志が廃人と化していたという純子や恭子の話も全面否定した。

「亡くなった頃の清志さんは、普段通りに生活していて異変は見られませんでした。以前と比べて痩せていたとはいえ、余分な脂肪分がなくなった体型に変わっただけで、野生のシャープな狼《おおかみ》のように見えました。どこが痛いとか、病院に行きたいと言われたこともありません。亡くなる前日も食欲があったし、いつものように酒盛りをしていたのをはっきり憶《おぼ》えています」

そして、清志の死亡についても、監禁虐待《ぎゃくたい》の影響を一切認めなかった。

「その日、清志さんが浴室で大便を漏らしたので、純子と恭子ちゃんが掃除をしようとしたのですが、清志さんは立ち上がったときに足を滑らせて転び、頭を壁に打ち、そのまま倒れ込んで、床に頭、胸、腹を打ちつけました。私は洗面所にいたので、その場面を目撃しました。

清志さんはもそっと起き上がって一、二歩歩きましたが、すぐに扉の前にしゃがみ込むようにして座り、足を折るようにして前屈《まえかが》みになって、頭を床につける姿勢のまま動かなくなり、突然いびきをかきはじめました。大きないびきの音でした。私は純子といっしょに清志さんを抱えて台所に連れていき、毛布をかけて寝かせました。

それ以前も、いびきをかいて突然寝たことがあったので、また寝たのだろうと思い、しばらく様子を見ていたら、十五分ぐらいしていびきが止まりました。私は『あっ、おかしいな』と思い、指を清志さんの鼻のところに持っていって、呼吸をしているかどうか調べましたが、息が出ていませんでした。心臓に耳をあてたら、音が止まっています。

急いで人工呼吸をしましたが、蘇生《そせい》しませんでした。通電もしました。死んでいるとわかっていましたが、純子がボケーッとして『ほんとうに死んどるんやろうか。眠っているだけじゃない?』と言うので、『だったら電気を通してみよう』と提案し、乳首にセッティングして心臓に通しました。通してから心音を確認しましたが、心臓は動いていませんでした」

死体の解体と遺棄については、時効が成立しているからだろうが、自らの関与を堂々と認めた。「私は解体の企画・構成に携わり、プロデュースしました。設計士がビルを建てるのと同じです」「私の解体方法はオリジナルです。魚料理の本を読んで応用し、つくだ煮を作る要領でやりました」などと言いたい放題で笑いを誘った。しかし、こんな美談まで仕立てたときは、さすがに白々とした空気が法廷に流れた。

「解体するのには、『死者の弔い』という意味がありました。骨を海に投げ入れるのは、水葬の意味がありました。恭子ちゃんを関与させたのは、お通夜《つや》などでも死体にずっと寄り添うのは親族なので、恭子ちゃんは清志さんの死体につけておくべきだと思ったからです。解体作業をすれば、ずっと遺体についているので、供養《くよう》になるという意味です」

第四章　緒方一家

緒方純子の実家は一族の本家だった

清志の死後、第四の金主になったのは、清志の親友の元妻・宮田貴子（仮名）だった。

松永が清志といっしょに、初めてこの親友宅を訪れたのは、清志を監禁し始めてから約半年後。清志はまだ辛うじて金主の役割を果たしており、この親友からも借金をしていた。近いうちに清志が金を集められなくなると見越したのだろう、松永は新たな金主の目星をつけるため、清志の親友を紹介させた。

親友夫婦に対して松永が「初めまして。村上と申します。河合塾の講師をしています」と自己紹介すると、横にいた清志がすかさず「この人は京都大学を卒業しているんだ。今は塾講師だけど、将来は物理学者になる逸材なんだよ」と口を挟んだ。貴子の供述調書には、このとき彼女は松永の経歴のみならず、謙虚で愛想の良い態度に好感を抱いたと記されている。

その後も松永は、清志や恭子と親友宅を訪れ、貴子に手土産をあげたり、服装や容姿を褒めちぎるなどして気を引き、夫婦生活の不満をこっそり聞き出すほど信頼されるようになった。

その年のクリスマス間近、松永は初めて貴子をデートに誘った。「ほんとうなら二十四日に逢《あ》って食事に行けたら良かったのに。少し早くなってごめんね」と松永が神妙に話すと、貴子は無邪気に悦《よろこ》び、クリスマスプレゼントとしてアニエスベーのペアウォッチを渡した。松永は「こんなに高いもの、ありがとう！」と顔を紅潮させて悦んだ。

「僕の実家は、広島の村上水軍の当主なんです」「いまの塾講師の月収は百万円くらいですが、寺を借りて塾生を一定期間預かり、集中講義をするともっと高収入が手に入ります」など、松永は次から次へと嘘《うそ》を重ね、貴子はそれらを信じきった。二回目のデートでラブホテルに行くが、松永はここでも芝居を打つ。ワインレッドのアタッシュケースから取り出したビデオを備え付けのデッキで再生する。相対性理論についてのNHKの教養番組を見せながら、松永は、自らも相対性理論を熱心に解説した。「京大を卒業して、物理学者になろうとしている人は、やっぱりすごい知識を持っている」と貴子は感服した。

アタッシュケースについても、「兄が東大の医学部を出て、東京で医者をやっています。この鞄《かばん》は兄からもらったものなんです」とさりげなく語った。貴子は「お兄さんも東大卒の医者だなんて、なんて凄《すご》いエリート一家なのだろう」とますます敬意の念を抱いた。

清志が亡《な》くなる前月には、松永はドライブの最中に「結婚してください。子供さんの面倒は僕がきちんと見ます」とプロポーズした。貴子は感極まって即答で結婚を約束し、一ヶ月後に三人の子供を連れて実家に帰り、その三ヶ月後には協議離婚を成立させた。

ところが、松永は態度を豹変《ひょうへん》させる。小説家としてやっていくので塾講師を辞めた、お金がないので結婚準備資金を用立てて欲しい、などと言い出した。しかし、もはや盲目の恋に陥っていた貴子は「いざとなったら私が水商売のアルバイトをするから、お金のことは気にしないで小説の執筆に集中して。きっと成功すると信じてる」などと答え、消費者金融から合計二百五十万円を借入れて、全額を松永に貢《みつ》いだという。

「女性は離婚して半年過ぎないと再婚できない」と結婚を引き延ばしにしていた松永だが、ついに貴子名義で借りた小倉南区内のアパートで同居生活を始めた。しかしその際、「長女は前夫が可愛《かわい》がっていたから前夫に渡そう」「長男は受験勉強の塾通いのために実家に預けたままにしよう」と言い、当時三歳の次女だけを連れてこさせた。さらに、同居を始めた翌日には、純子と子供二人を連れてきて、「僕の姉さんと甥《おい》っ子だよ。可哀想《かわいそう》な事情があって自宅には帰れないんだ。しばらく六畳間を貸してあげたい」と、貴子を奥の四畳半に追いやったのである。

松永の本性が出てくるのも、時間の問題だった。

いきなり貴子の顔面を平手打ちにし、髪の毛を鷲摑《わしづか》みにして振り回し、着衣を引きちぎる。純子に通電道具を持ってこさせ、早朝まで通電を続ける。貴子の筋肉が激しく痙攣《けいれん》し、手足や腰、頭などが奇形的に動くと、松永は愉《たの》しそうにニヤニヤと笑っていた。貴子の目前で次女に通電したり、逆さまに振り回すこともあった。

貴子は、わずか数時間の睡眠で、職場に向かった。その際も「逃走や通報をすれば子供に危害を加える」と脅迫され、五百円程度の所持金しか与えられず、携帯電話でこまめに連絡を入れるのを強制された。それでは、逃げることも助けを求めることもできない。

二ヶ月後に松永の指示で退職してからは、南京錠《ナンキンじょう》をかけられた四畳半の和室に閉じ込められた。服装はスウェットの上下、入浴は二週間に一回程度、排便は松永が許可したときのみで監視付き、小便はペットボトルを使用、食事は一日一回、ラードを塗った食パン八枚を二十分で食べる。間に合わないと口に詰め込み、水で流し込まされた。そして、松永の気分によって時間を問わずに通電された。

貴子の供述調書には、通電の激痛や恐怖も綴《つづ》られている。

「連日の通電で意思も気力もなくなり、命令どおりに動く『操り人形』になりました。別れたいと口にすると、松永は激怒して延々と通電しました。『自分で電気を通して死んだ馬鹿《ばか》な奴《やつ》がいる』と言われて背筋が凍りました。子供への虐待《ぎゃくたい》を強制されて、通電されたくない一心でやりましたが、手を抜いた、と通電されました。上半身裸で、そんきょさせられ、両乳首に電気を通されました。全身に通電されましたが、乳首がいちばん辛《つら》かったです。乳首は特にデリケートなので、ちぎれるような痛みがあり、心臓がバクッとして、死の恐怖に襲われ、終わってもビリビリ感、脈打つ感覚が残りました。胸にドンという電気の衝撃があり、仰向けに倒れたこともありました。眉毛《まゆげ》への通電では、目の前に火花が散って真っ白になり、そのまま失神しました。松永を見ただけで通電されるという恐怖感で震え上がりました」

監禁期間中に貴子は、両親に金の無心をしたり、クレジットカードで借入れをしたり、カシミヤのコートや貴金属を質入れするなど、松永の指示のもと、あらゆる金策に走った。ついには松永にあげたアニエスベーのペアウォッチも質屋に持っていっている。

しかし同居から五ヶ月後の平成九年三月の深夜、ついに逃亡した。純子が換気のために窓を開けたのを見計らって、アパートの二階の窓から飛び降りたのだ。腰骨を骨折しながらも必死に走り、近くの会社事務所に逃げ込んで助けを求め、救急車で病院に運び込まれて入院した。

松永達は貴子を捜しまわった。しかし発見できなかったため、すぐに引っ越しの準備をはじめ、翌日の夜には家財道具もろともマンションMに戻るという素早い行動をとった。残された次女は約十日後、貴子の前夫の自宅付近まで車で連れていき、路上に置き去りにしている。

貴子は骨折や極度の栄養不良による諸症状が治ってからも、慢性複雑性PTSDに苛《さいな》まれ、精神科に長期入院した。

貴子逃走後の純子の証言を紡《つむ》いでいこう。

松永は新たな金主がなかなか獲得できずに生活費が底を突くと、純子に苛立《いらだ》ちをぶつけ、「俺ばかりが金の工面をしてきたんだから、今度はおまえが金をつくる番だ！」と命じた。純子は静美に電話し、「子供が病気で入院する」「火事を起こしたのでアパートを移らないといけない」などの様々な嘘をついて送金を頼み込み、静美が了承したときのみ金を受け取っていた。

平成九年四月、純子は松永から百五十万円を要求され、静美に頼み込んだが断られた。切羽詰まった純子はその晩、松永が長男を連れて他のアジトに行ったとき、静美をマンションMに初めて呼び、もう一度面と向かって百五十万円の送金を懇願した。しかし、静美の答えは同じだったため、自分で働いて稼ぐしかない、と決心した。母親との別れ際《ぎわ》、しばらく次男を預かってほしいと頼み込んだが、これも父親が反対していると断られた。純子は最後の手段として、久留米市内にある静美の実家に赴き、「お母さんが迎えに来ることになっている」と叔母に嘘を言って次男を預けると、JR久留米駅から電車に乗り、温泉で有名な大分県の湯布院《ゆふいん》に向かった。

「『とにかく九州から出よう。大阪あたりなら職があるだろう』と思って博多駅まで行きましたが、運賃表を見たらお金が足りなかったのです。県外ですぐに仕事が見つかりそうなところは観光地しかなく、感傷的な気持ちもあったので湯布院に決めました」

湯布院に到着した翌日、飲食店や旅館や土産物屋などを一軒一軒まわり、雇ってもらえないかと尋ねていった。駅近くの焼肉屋に立ち寄ったとき、たまたま食事に来ていた常連客の婦人が、仕事探しを引き受けてくれたうえに、親切にも寝場所や食事を無料で提供してくれた。

六日後、その婦人の口利《くちき》きでスナックのホステスとして働くことになった。現在でも営業しているそのスナックのママは、当時の純子の様子についてこう述懐する。

「面接をするのに店に来たとき、第一印象で何か事情があると思いました。とても暗い感じで、髪は手入れをしてないようで艶《つや》がなくてバサバサで、服は何を着ていたか忘れましたけど小汚い印象でした。可哀想な気がしたんで、根掘り葉掘り聞きませんでしたが、面接中もほとんど話をせずに物静かでした。でも性格は良さそうだし、ペラペラと余計なことを話さないのが気に入りました。客商売ですから、お客さんの話をきちんと聞けて、適度に受け答えができる子がいいんです。それから顔立ちがいいから、化粧をすればきれいになると思い、オーナーと相談して雇うことにしました。夕方に面接に来て、その日は挨拶《あいさつ》の仕方や飲み物の入れ方など接客の基本を教えたり、ホステスの宿泊所にしていた二階の部屋を案内しました。美容室に行くようにと一万円を渡し、翌日から仕事をしてもらうことにしました」

しかし、純子は忽然《こつぜん》と姿を消す。翌日の夕方にママが出勤すると、カウンターに封筒が置いてあり、便箋《びんせん》一枚の手紙が入っていた。

「『ママへ』と始まる手紙で、『突然挨拶もせずに出ていくことを許してください。昨晩、主人が亡くなったので、急遽《きゅうきょ》帰らなければならなくなりました。いろいろとお世話になりました。この恩は一生忘れません』という内容が書かれていました。夜中から公衆電話から電話したときに、御主人が亡くなったのを知って、居ても立ってもいられなくなったんだろうと思いました。それにしても便箋と封筒は持っていたか誰かに貰《もら》ったのかわかりませんが、きちんと手紙を書き、しかもすごく女らしいきれいな字だったので、とても感心したのを憶《おぼ》えています」

純子が置手紙に「嘘」を書いたわけではない。湯布院に到着して以来、彼女は子供の様子を聞くために毎日実家に電話をしていたが、面接を受けた翌日、理恵子から「松永さんが長崎県の西海橋から飛び降りて亡くなった」と告げられたのである。その後、電話をかわった父親の譽にも、「松永さんが自殺したのは本当だ。とにかくすぐに帰ってきなさい」と言われた。純子は動揺しながらも、「交通費がないのですぐには無理」と答えたが、着払いでいいからタクシーで帰ってくるように言われ、急遽小倉に戻ることに決めたのだ。

高速道路を走り、早朝に小倉に到着した。マンションMの入口では譽が待っていて、二万数千円のタクシー代を支払い、純子といっしょに三階にあがった。玄関を開けると、線香の香りがした。静美と理恵子もいる。和室のテーブルには松永の遺影が置かれ、線香が焚《た》かれていた。

純子は正座をして線香を供え、手を合わせた。「遺書を読みなさい」と礬から言われ、テーブルにあった遺書を読んだ。感傷的な文章で出会いの頃からの思い出が綴られ、「これからのことを宜《よろ》しく頼む。清志さんのこともばれないようにきちんとやってくれ。恭子のことも頼む」と締めくくられていた。

純子は当初、松永が死んだことに全く実感が湧《わ》かなかったが、遺書を読んでいるうちに「ああ、本当なんだな」と思えてきて涙があふれ、読み終えると、「私が湯布院に行ったことで松永を孤独にし、自殺を考えるまで追い詰めてしまったんだ」と罪悪感に駆られた。

その時である。突然、背後の押入れがガラッと開いた。純子が驚き振り向くと、松永が飛び出してきた。

「残念だったな！」

松永は純子に殴り掛かり、服を引きちぎって全裸にした。

「かかれ！」

松永の号令にまず理恵子が反応して純子に飛び掛かった。押し倒して馬乗りになる。静美は泣き叫ぶ次男を抱き上げ、台所に走っていった。長男が包丁を持って純子に近づいてきた。

「実はそのあたりからの記憶がはっきりしないのです。そのとき松永や家族から何をされたのか憶えていません」と純子は語っている。

その後、純子は何日間にもわたって松永から凄《すさ》まじい制裁を受けたが、その記憶もほとんど喪失している。おそらく、「解離症状」と呼ばれる精神状態に陥っていたのだろう。

解離症状とは、犯罪や事故、災害などに遭遇して耐え難い苦痛を体験したとき、感情や知覚が麻痺《まひ》して急に苦痛を感じなくなったり、いま起こっていることが現実ではないような感覚に襲われたり、後々も何も思い出せないほど記憶が喪失したりすることである。暴力被害者の精神状態としては珍しいことではない。専門家による判断なしに断定はできないが、純子が他のことは隠さず答えていることからも、当時、解離症状であった可能性は高いだろう。

しかし「記憶がはっきりしない」と言えば言うほど、法廷では情け容赦なく、さまざまな角度から細かな質問が浴びせかけられた。純子は少ない記憶の断片をつなぎながら、湯布院から戻った後に受けた制裁の状況を語っていった。それは概《おおむ》ね、次のような内容である。

「松永から、母と会った時点から湯布院での出来事、マンションMに帰ってくるまでを分刻みに質問されました。湯布院に行った電車も、松永は時刻表で確認して、その電車があると納得するという感じでした。

質問攻めの最中には顔面への通電を繰り返されました。この衝撃はなかなか表現できません。顔面だと、一秒でもすごい衝撃で激痛が走り、意識が遠のいて目の前が真っ白になり、このままどうなるかという恐怖がありました。

質問に答えても通電、答えなくても通電、本当のことを言っても『嘘《うそ》を言うな!』と通電されました。通電は日課のようで、ない日のほうがまれでした。『皿を少し強く置いた』『怖い顔で掃除している』『(通電に時間がかかり)俺の団欒《だんらん》の時間が減った』といって通電されました。痛みと恐怖で頭が一杯になり、ほかのことは一切考えられなくなりました。

現在も残っている足の親指の傷は、指の上と側面の二ヶ所を挟まれて通電されたときにできました。水膨れが破けてだんだん患部が広がってドロドロの状態になり、体液がずっと出ていました。治療の経過は憶えていません。気がついたら右足の小指と薬指がついていたり、親指の肉が欠けていました(この痕跡《こんせき》は法廷で公開された)。松永からは『おまえも清志みたいになったな』『清志みたいに死んでいくんだろうな』『おまえみたいな奴は、一気に死ぬんじゃなくて、手足がもげたりして苦しみながら死んでいくのがちょうどいいんだ』と言われました」

松永はさらに、純子がふたたび湯布院へ行かないように、湯布院での人間関係を断ち切らせた。純子に電話をかけさせ、相手を罵倒《ばとう》して怒らせるという常套《じょうとう》手段がこの時も使われた。

「湯布院でお世話になったEさん（焼肉屋で出会った婦人）やスナックのママに電話して、恩を仇《あだ》でかえすような言葉を投げつけました。Eさんの娘さんは看護婦だったのですが、勤務先の病院にも電話をかけ、院長先生に『あの娘さんが薬を横流ししている』とか言いました。まったくの作り話です。すべて松永の指示でした。私のみが恨まれるので済めば、それに越したことがないのでそうしました。私が拒んだとしたら、みなさんにより多くの迷惑をかけてしまうことになります。実際、飲食店を経営していたEさんに、松永は保健所がどうの、などと話していました。それを止めるためにも松永の言うとおり、いや、それ以上がんばって罵声を浴びせたような気がします。自分の思いを遂げれば松永は満足するのでそうしました」

スナックのママも、手紙を置いて出ていった翌日、純子から電話がきたことを覚えていた。

「唐突に『給料が安すぎる！　馬鹿にしてる！　騙《だま》された！』と因縁をつけてきたん

です。あの物静かで、きちんとした手紙を書く人とは思えないほど百八十度態度が変わって、ズベ公みたいな話し方をするのでびっくりしました。『給料をもっと寄越せ！　これから取りに行く！』と言ってきたので、『あなた、なに言っているの。一日も働いていないじゃない』と言い返したのですけど、らちがあかなくてオーナーに代わってもらいました。オーナーが『来るなら来いや！』と啖呵《たんか》を切ったら電話は切れて、二度とかかってきませんでした」

湯布院から帰って一ヶ月後、純子は初めて外出を許され、タクシーで下関まで行った。松永の新しい交際相手へのラブレターをポストに投函《とうかん》するためだ。小倉に住んでいることを知られないために、松永は投函場所にまで気を配っていたのだ。

その際、純子には監視役が付けられた。恭子である。

父親である清志が殺されて解体されてからも、恭子は祖父母宅に帰されず、松永の管理下に置かれていた。一時は古びた木造アパートの一室で宮田貴子とともに監禁されたが、貴子が逃走すると、すぐにマンションMに連れ戻され、洗面所に閉じ込められた。

「警察に捕まったら、ブタ箱に入れられて、裁判を受けなければいけんよ。裁判が終わるまで何十年もかかるけ、一生は入らなければいけんことになる」「この紙（事実関係証明書）はあんたが書いたものだ。本人が書いたものは証拠になって、あんたは死刑になる」などと常に松永に脅され、相変わらず通電やさまざまな制限を受けていた。

「浴室に監禁されている間は、お父さんのように殺されてしまうと思っていました」と恭子は法廷で語っている。「でもお父さんがまだ、お風呂場《ふろば》にいるような気がしました。自分だけ逃げてしまうとお父さんがかわいそうと思って、お父さんの側《そば》にいてあげているような気がしていました」

ところが突然、恭子の境遇に転機が訪れた。純子が湯布院に行ったとき、恭子は約三週間ぶりに解放され、松永から「中学校に通ってもいいが、帰宅後は家事や子守りをするように」と命じられたのである。厳しい制限も解かれ、松永の子供達と同じ食事を食べ、いっしょに風呂に入り、テレビを見て、和室の布団《ふとん》で寝られるようになった。つまり松永は、恭子を純子の代役に抜擢《ばってき》したのだ。

そしてこの状況は、純子が戻ってからも続いた。逃亡したことでランクの最下位に落とされた純子と、完全に立場が入れ替わった。恭子は純子の食事や排泄《はいせつ》を監視するだけでなく、子供達に接近していないかどうかまで厳しくチェックし、何か問題があれば松永に報告した。それを追及材料に、純子は通電されていた。

下関へ行くときも、普通の服装の恭子に対し、純子は男物のカッターシャツとジャージ、男物のスリッパであった。松永から「おまえの物はすべて捨てた。なにひとつ残っていない」と言われ、松永から借りられたもので外出しなければならなかったのだ。

下関駅前のポストに手紙を投函すると、純子は携帯電話で「これから帰ります」と松永に報告を入れた。すると、ふたたび何度も答えたはずの湯布院行きの詰問《きつもん》を蒸し返され、「ああ、帰ったら通電を受けなきゃいけないんだな」と暗澹《あんたん》たる気持ちになった。帰りの電車で関門海峡の長いトンネルを通り抜けていくとき、通電への恐怖心が急激に膨らんできた。

「こんな生活が十年も続くのか……」

「いちど自分に刃向かった相手には、十年ぐらいは同じことを蒸し返して問題にする」という松永の口癖を何度も聞いていたので、とっさに十年という年数が脳裏によぎったのだった。

「もう耐えられない。逃げて死のう」

純子はトンネルの中で、そう決心を固めた。

「でも私の死体は見つかっちゃいけない。もし私の自殺が発覚したら、松永や恭子ちやんに迷惑がかかる。捜査が始まったら、清志さんの事件もわかってしまう。そうだ、富士山の樹海で死のう。絶対に死体が見つからないように。誰にも迷惑がかからないように……」

電車がトンネルを抜けて湾岸を走り、門司駅に着いた。発車を告げるベルが鳴り、ドアが閉まろうとした瞬間、純子はホームに飛び降りてスリッパ履きのまま懸命に走った。しかし純子の横にいた恭子もすばやく反応し、間一髪で車両から降りて純子を追い掛ける。

純子は改札を出て、駅前に停車していたタクシーに乗り込んだが、ついに恭子に追い付かれた。タクシーの窓をドンドンと叩《たた》き、何やら大きな叫び声をあげている恭子のまわりに人が群がり、「警察を呼べ!」という声も聴こえてきたので、純子は観念してタクシーから出た。

恭子は携帯電話で松永に連絡を取り、純子の逃走未遂を告げて指示を仰いだ。

「今から行くから、門司で待っておけ」

門司駅のホームで松永の到着を待っているとき、純子は再び走り出し、発車直前の電車に乗り込んだ。しかしまたしても恭子がぴったり付いてきて純子を捕まえ、携帯電話でふたたび松永に報告した。そして電車が小倉駅に到着したときにはホームに松永の姿が見えた。その瞬間、純子は完全に逃走を諦《あきら》め、恭子に腕を摑《つか》まれて車両からおとなしく降りた。松永は逃走を二度も阻止した恭子を褒めちぎり、「太股《ふともも》を蹴《け》っておいて良かっただろ」「スリッパ履きにして早く走れなかったから良かっただろ」「今後も逃げないようにしっかり見張っておけよ」などと得意げに捲《まく》し立てた。

小倉駅からマンションMに戻ると、純子を待ち受けていたのは、それまで以上の過酷な制裁であったのは言うまでもない。ふたたび解離症状らしき精神状態に陥り、記憶の大半が失われている中で、純子はこんな証言をした。

「電気が怖かったから逃げたと言うと、『じゃあ、清志におまえがしたことはなんだ。そんなことをおまえがいえる立場じゃないだろ』と言われました。『清志にしたこと』とは、通電などの虐待《ぎゃくたい》を続けて結果的に死なせたことを指しているのだろうと思いました。決して私一人のせいじゃないと思っていましたが、私が関わったことは事実ですし、返す言葉がありませんでした。嫌がらせの意味で、通電を受けたあと、『電気はわたしの友達です』と言って笑うよう何度も強制されました。それを見た松永は嬉《うれ》しそうに笑っていました」

純子が語った制裁の様子は、あくまでも彼女が懸命に思い出した範囲内であり、実際にはもっと激しかったのは言うまでもない。その時の通電で純子がはっきり憶えているのは、右手の指がやけどしたことぐらいだ。後で松永に、血を吐いて倒れ、松永から人工呼吸を受けたと聞いたが、その時も「今度倒れても二度と助けない」「血を吐いたのは芝居だろ。口の中のどのあたりを切れば、ああいう芝居ができるんだ」と責められたという。

純子の湯布院行きは、純子本人だけでなく、緒方一家の地獄の始まりにもなった。このとき、久方ぶりに緒方家と接触した松永は、「第五の金主」とすべく、本格的に緒方家の人々を取り込んでいったのである。

まず最初に、松永が企画した「偽葬儀《にせ》」に、緒方家はどうして協力したのだろうか。この件について純子の証言はないが、これまでに明らかになった松永の手口から推測してみよう。

松永は譽たちを呼び出して、純子がこれまでに犯した数々の犯罪行為を暴露した。特に清志の殺害・解体については純子を主犯にしたストーリーを語り聞かせ、「すべての責任が純子にある」と信じ込ませた。そのうえで「このまま純子を自由にしておけば、もっと凶悪な犯罪を起こす」と言い含めたり、「純子が戻らないなら、純子が見捨てた子供達の養育も含めて、緒方家にそれ相応の責任を負ってもらう」と恫喝《どうかつ》したのだろう。

久留米の片田舎で平穏な生活を送っていた譽たちは、松永の話に震えあがった。そして「緒方家の厄介者」である純子に、激しい怒りや負い目を感じたのだろう。そのときに、松永から葬儀の芝居や制裁を加えることを提案され、了解したのではないだろうか。

しかし、その「作戦」が成功し、純子が戻ってきても、譽たちは解放されなかった。純子の証言によれば、湯布院から戻ったあと、譽、静美、理恵子が頻繁にマンションMに出入りするようになった。最初は二、三日置きだったが、門司駅での逃走未遂後は、毎日になった。三人は、久留米の家から約二時間ほど車を運転して小倉までやって来る。仕事や家事を終えてから出発するため、小倉に着くのは早くても午後九時。そして明け方、久留米に戻っていく。

当初、松永と三人は酒を飲みながら、徹夜で話し合いをしていた。今後、純子をどうするかが主な議題だったようだが、純子はその内容を知らされていない。純子の処遇については、選択肢は二つしかない。そのまま松永が面倒を見るか、緒方家が引き取るか――。

松永としては、すべてを知っている純子をやすやすと解放することはあり得ない。

しかし、彼の「人生のポリシー」に基づくと、自分では決断をくださない。譽たちに、純子を松永に預けるという結論を出させ、恩を売り、世話料として大金を搾《しぼ》り取ろうとした。

松永の巧みな誘導術は、こんな具合であった。

まず彼は、純子との別れ話を切り出した。純子によれば、門司駅での逃走劇の後、「別れるなら別れるでいいから、おまえの両親も交えてきちんと話をしよう」と言われたという。純子は半信半疑ながら、藁《わら》にもすがる思いだった。「両親には申しわけないですけど、お金で解決がつくのであれば助けてもらいたいと思い、両親にすがりました」と証言している。

譽たちは、「純子が戻ってきたら大変なことになる」という不安と、「純子が別れたがっているなら力にならなければ」という責任感の間で揺れていただろう。そこを、松永は突いた。

まずは、純子に対する通電現場を公開した。当初、純子は譽たちの前では通電を免れていたが、やがてこれ見よがしに行われるようになった。右手の指にやけどを負ったときの通電の様子も、譽たちは目撃していた。

湯布院から戻ってきたときはともかく、娘に対する制裁がその後もえんえんとつづき、顔面や乳首までも通電されているとは、譽たちは夢にも思っていなかっただろう。それを目にしたときの衝撃、動揺、恐怖は想像に難くない。いくら一家の厄介者であっても、娘は娘、姉は姉である。「可哀想《かわいそう》な娘（姉）を救いたい」と、懸命に松永と交渉を重ねたことだろう。

しかし譽たちが焦《あせ》れば焦るほど、松永の術中に嵌《は》まっていった。松永は離縁するのにさまざまな条件を突き付け、高額の「手切れ金」を要求し、譽たちは受け入れていった。ところが交渉がまとまりかけた時点で、松永は仕掛けた。子供をだしにして、純子に別れ話を撤回させるよう働きかけたのである。事実、純子は「離縁した場合、子供二人は松永が引き取る」という条件を知らされ、途端に別れる意志が失《う》せたと言っている。「子供を取られるくらいなら、自分を消して、這《は》いつくばってでも、松永に付いていくしかない」と悲壮な決意を固めたのだ。

「やっぱり松永とは別れません」と純子が言い出したことで、離縁話は御破算になった。しかしそうなれば今度は、「殺人者である純子の面倒を見るためには多額の金が必要」となる。譽たちは、この理不尽な金銭要求にも従順に従った。純子はこう証言している。

「両親と妹が常にお金をつくる話し合いをしていたのを憶《おぼ》えています。松永から何千万円単位でお金を要求され、どうやって金を作るか結論を出せと指示されていました。すべて私がらみの理由でした。私を材料に、手を替え品を替え要求してくるのです。今までの迷惑料、私が家を出てからの諸経費、私の行動に関する保証金など。湯布院に出かけた日に母をマンションに呼んだとき、母に見つからないように恭子ちゃんを風呂場に閉じ込めたので、それを蒸し返して、『恭子に対して慰謝料百五十万円を支払う』という念書を作成し、両親が支払いました」

検察の調べでは、純子が湯布院から戻った平成九年四月から七月までの三ヶ月間で、譽たちが松永に渡した合計額は、一千三百五十万円。さらに翌八月には、譽が本家の土地家屋を担保にして農協から三千万円を借入れ、全額を松永に渡している。

こうして着実に「金主」の役割を果たしていった緒方家だが、彼らが完全に松永に取り込まれる上で、決定的な出来事が起こった。

この時期に譽は、マンションMの配管交換作業を行ったのである。清志の死体を解体後、松永は純子と恭子に命じ、徹底的に室内の清掃をさせて証拠を隠滅したが、譽にも「死体解体の痕跡《こんせき》が残っている可能性がある」と、台所の配管交換をさせたのだ。

松永の狙《ねら》いは、家長である譽に殺人の証拠隠滅に加担したという負い目をおわせ、松永に抵抗する意志や気力を奪うことにあった。そして、この「家長潰《つぶ》し」は、見事成功する。

「たとえ娘が行なったことでも殺人は殺人。許すわけにはいかないし、隠しておくわけにもいかない。純子は刑に服して罪を償うべき」と譽が判断し、警察に訴えるなどしていれば、緒方一家の事件は避けられたであろう。しかし、譽は正反対の方向へ走ってしまった。

おそらく譽には、娘を刑務所に入れるのはしのびないという親心だけではなく、「娘の犯罪が世間に知られたら、自分も終わりだ」という、強い危機感もあったのだろう。譽の上司や友人によると、彼は農協関連団体の副理事という当時のポストに満足しておらず、理事長の座を虎視《こし》眈々《たんたん》と狙っていた。三名の副理事同士の出世争いは激しかったが、譽は最有力候補だった。普段からプライドが高く、世間体を気にするタイプだったが、当時は特に、自分の弱味や身内の恥は明かさなかったという。

松永はそうした譽の心理を見抜き、「自分が知恵を絞って証拠を隠滅したから、誰にも知られずに完全犯罪にすることができる」と言い含め、「最後に残っている作業」として配管交換をさせたのではないか。無論、当時六十一歳の譽が、連日の小倉通いと睡眠不足によって極度に衰弱し、正常な判断能力を欠いていたのは間違いない。しかしやはり、「娘の殺人を隠し通したい」という思いが強く、そこを松永に突かれてしまった。

譽たちの小倉通いが始まって二ヶ月もすると、理恵子の夫である主也も加わるようになった。純子はこの経緯を詳しく知らなかったが、理恵子が松永に「かずちゃんが、どうしてそんなに頻繁に出かけるのか不審に思っているから毎日は来にくいんですよ」と話しているのを聞いている。それをきっかけに、松永は主也もいっしょに小倉に来るよう、誘導していったのだろう。

実は松永にとって主也の存在は、緒方一家を支配下に置くうえでの最大の難関だった。

久留米市内の農家の次男坊である主也は、昭和六十一年、二十七歳のときに緒方家の婿養子《むこようし》となった。結婚と同時に譽と同じ職場に就職したが、その前は千葉県警の警察官をしていた。しかも面識がない純子に対しては、問題ばかり起こす義姉だと悪い印象を抱いていた。

本家の跡を継がせるはずだった純子が分籍をして家を出てしまったために、譽と静美は、理恵子に婿養子を取らせるべく親族に候補者探しを依頼した。しかし、見合いで縁組みが決まった途端、松永は純子に嫌がらせの電話をかけさせた。両親には「○○家（主也の実家）に財産をあげるのか！」、仲人《なこうど》の親戚《しんせき》には「あんたが理恵子に養子を世話したげな！ 財産ほしかけんで、世話したげな！」、主也の実家には「おまえとこの主也は、うちの財産狙いで入ってくるとやろが！」などと、純子はヒステリックに捲し立てた。当然、その話は主也にも伝わった。この件で純子は両家から総スカンを喰らい、盛大に行われた結婚式にも呼ばれなかった。

こうした経緯からして、譽たちと違い、主也には、純子をダシにした松永の誘導術も通じない可能性が大きかった。

純子も法廷で、当初は松永が主也を警戒していたと証言している。

「主也さんに関しては養子ですし、まじめですし、元警察官ですから、正義感の強い人だとみて怖かったんだと思います。主也さんがマンションMに出入りするようになった頃、陰では『主也は信用できない』と盛んに言っていましたが、本人にはとても気を使ってソフトに対応し、まるでお客さまのような扱いをしていました」

そこで松永は、主也に緒方家の人々への不信感を植え付けるという方法をとった。松永は普段から飲酒の席でプライベートな話を根掘り葉掘り聞き出し、恫喝のネタを仕込んでいた。主也が小倉通いを始めた頃には、すでに譽たちの弱味を把握しており、主也に酒を勧めながら、それらを次々に打ち明けていったのである。

純子の証言によれば、まず松永は、緒方家の土地の一部を主也に譲渡するという約束が未《いま》だに不履行であることを持ち出し、「あなたは騙《だま》されて養子に来たんですよ」と主也を煽《あお》った。続いて妻の過去を暴露した。理恵子は結婚前に多くの性交経験があり、妊娠・中絶の経験さえあったが、結婚するときには主也に処女と偽っていた。そのうえ、結婚後も同僚男性と不倫したこともあった。これらの秘密を松永は理恵子本人から聞き出し、主也に知らせ、「あなたは、理恵ちゃんにも騙されているんですよ」と、ますます煽ったのである。

前出の理恵子の親友によれば、田舎町ではすぐに噂《うわさ》が広まることを警戒して、理恵子は中絶や不倫の経験などをひた隠しにしていたが、「なんでも相談しあう仲だった」というこの親友だけには打ち明けていた。それほどの秘密を聞き出した松永の誘導術には、改めて驚かされる。

主也は当然、相当のショックを受けた。そして譽や理恵子を非難するようになり、同時に松永には気を許していった。

純子はこう証言する。

「松永は主也さんの『良き理解者』だとアピールしていました。養子に来る条件だった土地の名義を変えるという約束の不履行も、松永が変えさせるという話だったので、主也さんも松永に恩義を感じていたと思います。そして主也さんは、だんだんと緒方家に来てからの不満を松永に話すようになっていきました。母がおかずを作り過ぎるとか、仕事を終えて帰ってくると母が手伝えとばかりにレタスを広げるとか。

私は早くに家を出て、主也さんと接触する機会はなかったので、彼が本当に不満を持っていたのかどうか知りません。でも、松永は物事を悪いほうに解釈して主也さんに吹き込み、それを主也さんが両親や妹にぶつけるという流れがありました。主也さんが来始めて一ヶ月ぐらい経《た》ったころ、松永が『緒方家は立派なんかじゃない。世間体ばかりで中身は腐った家族なんですよ。あなたは利用されてるんだ』『こんなに騙されて馬鹿《ばか》ですね。殴るのが当然だし、殴ったってかまいませんよ』などと言って、主也さんは本当に両親や妹の後頭部を叩《たた》きました。不思議と松永の言う通りになってしまうんです。軽く叩くと、『なんで強く叩かないんですか』と言われて、強く叩くようになるんです。松永はその様子を見て楽しそうにしていました」

しかし松永は、一方的に主也の味方にはつかず、時には責められる立場にも追いやった。

「松永と主也さんで理恵子を責めた直後、『早朝にセックスを迫られた』と理恵子が告げ口すると、松永は一転して主也さんを責め始めました。私はそれを聞いて、主也さんは悪くないのに、と思いました。理恵子は夜中は小倉にいて朝方帰るので、主也さんとは夜会えません。だから、朝にそうなるのはしょうがないなと思いました。でも松永は『無理やり迫るとは何事だ！　女性を侮蔑《ぶべつ》している！』と主也さんを責め、理恵子も文句を言っていました」

そして次第に、主也を責めることが増えていった。理恵子から、自宅の寝室に主也がダブルベッドを置くから部屋が狭くて嫌だという愚痴を聞けば、「そもそもダブルベッドを置くことが間違っている！」と責め立て、すぐにベッドを上げてくるよう、主也を自宅に帰らせてダブルベッドを壁に立て掛けさせた。さらに主也の報告だけでは信用できないと、寝室の写真を理恵子に撮らせている（この写真は、裁判所に証拠採用された）。

こうして主也と理恵子の夫婦仲は急速に悪化していき、離婚話も出始めた。すると松永は「取りまとめ役」を引き受けて二人の言い分を聞き、「離婚に対する協議内容合意覚書念書」などというものも作成させた。こうしてもはや、緒方家の人間と不仲になった主也が一家を率いて抵抗してくるという事態はあり得なくなった。松永の目《もく》論見《ろみ》は、十分に達成されたのである。

さらに約一ヶ月後、松永は人質獲得に乗り出す。これも、過去に使ってきた手段だ。純子の証言によれば、主也が、「子供達を残して小倉に来るのは心配なので、なかなか来られないんです」と漏らしたのをきっかけに、松永は、当時九歳の彩と四歳の優貴も小倉に連れてくるよう説得を始めた。不吉な予感がしたのだろう、主也は最初のうちこそ断っていたが、毎年八月に小倉で盛大に行なわれる『わっしょい百万夏まつり』が近づいてきた頃、「ちょうど夏休みだし、彩ちゃんと優貴くんを小倉に連れてきて、祭りを見せてあげたらどうですか」と松永からしつこく迫られ、ついに断り切れなくなった。案の定、松永は「どうせ夏休みなのだから、ゆっくりさせればいい」などと理由をつけて彩と優貴を帰さなかった。

しかし、夏休みが終われば学校が始まる。子供を学校へ通わせるのは親の役目だが、主也が子供たちを久留米に帰したいと要求したことはなかった。それどころか主也は、松永の指示で優貴の保育園に行き、涙を浮かべながら、「本当はまだ通園させたいんですが、熊本に引っ越すので退園します」と、退園手続きをした。結局子供たちは、二度と久留米に戻らなかった。

補足しておくと、当時、主也は実際に、熊本県玉名市内のアパートを契約し、家族の住民票を移動させたが、そこに住んだ形跡はない。純子の証言によれば、緒方一家が小倉に来ていることを隠すため、松永は架空の引っ越しを演出させたという。

もはや主也も、他の緒方家のメンバー同様、松永の指示を絶対視する心理状態に陥っていた。彩と優貴が小倉で暮らし始めてからは、主也が来る頻度も増し、松永の指示で仕事を休むことさえあった。「睡眠不足のうえに朝方までお酒を飲んでいるので、表面上は主也さんの体を心配して休ませたこともありますし、『お金を作るメドも立たないのに仕事に行くなんて、なんてことだ！』と叱《しか》って休ませたこともあります」と純子は話している。

純子が殺人事件の犯人であること、純子を逃がすには多額の資金が必要であることを、主也はどこかの時点で松永から打ち明けられたはずである。そのときの主也の反応は分かっていないが、譽たちと同様、「身内の恥は絶対に隠し通さなければいけない。こんなことが世間に知れたら緒方家はおしまいだ」と考えたのではないか。

しかし、そうした主也の責任感も、逆手に取られた。譽と同じく、清志殺害の証拠隠滅として、浴室のタイルの張り替えを引き受けてしまったのである。「松永は常々、タイルを張り替えないといけないと言っていたんですが、主也さんにそれをさせ、負い目をおわせたのだと思います」とは、純子の弁である。実際にこの作業は、主也を呪縛《じゆばく》することになった。以後松永は何かにつけて「元警察官たるものが……」という枕詞《まくらことば》を使い、殺人の証拠隠滅に加担したことを執拗《しつよう》なまでに蒸し返した。こうして、共犯意識を植え付けていったのである。

緒方家の奇妙な小倉通いは続いた。お金がもったいない、と高速道路を利用することも許されなくなり、片道約三時間もかかった。静美や理恵子は居眠り運転で交通事故を起こし、静美は田んぼに突っ込んだときにむち打ち症になったが、入院せずに小倉通いを続けた。

マンションに着くと、すぐに四人の免許証と車のキーは取り上げられる。必要最低限のお金しか持てず、ガソリン代や駐車場代は、逐一、松永に報告して代金を貰《もら》い、そのつど借用書を書かされた。久留米に戻っているときも、携帯電話で小まめに連絡を入れ、どこで何をしているかを報告せねばならない。その通話料も、松永への借金として加算されていった。

当時、地元の人々は譽たちの様子をどう見ていたのだろうか。親しかった人たちは、四人の異変を感じ取っていた。譽が勤務していた農協関連団体の元理事長は、こう語る。

「譽さんの家族が家をあけたり、連絡がつかなくなることが多くなってきたので、おかしいと思っていました。譽さんはよくしゃべる人でしたが、その頃はこちらから話しかけても上の空みたいでしたよ。役所に陳情に行ったり会合のときなど、譽さんはいつもピシッと背広を着てきたのに、髪の毛はボサボサで髭《ひげ》も剃《そ》らずに着の身着のまま、ゴム草履をはいてきたこともあったので注意しました。心配になり、困ったことがあったら相談しろと何回か言いましたが、もともと弱味を見せない人ですから、『大丈夫、大丈夫』と言うだけで何も話しませんでした。

静美さんと二人、一週間くらい帰ってこないときもありました。私達は本当に心配して、帰ってきたときに急いで家を訪ねたら、平然と『九州一周の旅行をしていた。鹿児島があんまり良かったから、予定よりも長く滞在した』なんて言うんですよ。ちょうど忙しい時期だったので、『おかしなこと言うばい。こんな大事なときに、黙って旅行に行くなんてもってのほかだ』と腹が立ちましたが、文句は言いませんでした。あとよく憶《おぼ》えているのは、譽さんが突然、田んぼがなくなったら理事を辞めないといけないか、訊《き》いてきたことです。『農家でなくなるんだから当たり前だ』と返事をしたのですが、譽さんは借金の担保にしていた田んぼを取られると深刻に悩んでいたんでしょうね。気づいてあげられなかったことを後悔しています」

また、譽と親しかった前出の市議はこう語った。

「譽さんが農協から三千万円を借りた後、譽さんの弟が訪ねてきて、『兄貴がおかしい。どうも松永という純子の男に騙されているようだ。金も引っ張りだされている。

自分たちも相当に説得したけど、言うことをきいてくれない。あなたしか兄貴を説得できないから会ってくれ』と言うのです。家族で一週間くらい帰ってこなかったり、マルチ商法にはまって譽さんは番頭をやっている、という噂を聞いていたので、譽さんに迫ると、ニコニコしながら『心配しないでくれ。松永さんはあんたがいうような悪い人じゃない。いまはきびしいけど、かならず成功する男だ。彼が一生懸命やっているから、私が指南をしてるんだ。貸した金もかならず返ってくる』と言うんです。松永が良い人ならば会わせろ、とさらに迫ったら、黙ってしまいました。静美さんはお茶を何度も持ってきたりしてウロウロしていました。そういう話し合いを三回くらいしたけど、結局、譽さんの心を開いて説得することはできませんでしたから、今は本当に悔しいです。譽さんもああいう弁解が精一杯だったんでしょうね」

平成九年九月下旬ごろ、農協から三千万円の融資を受けるために本家の土地家屋が担保に入っていることを知った譽の二人の弟は、十二指腸潰瘍《かいよう》を患《わずら》って入院している譽の病院へ赴き、譽と静美を連れ出して親族会議を開いた。

「何のために融資を受けたのか」「その現金はどうなっているんだ」「松永に渡したのではないか」「主也の家族はどこで何をやってるんだ」……。親族たちは、取り囲んで激しく追及したが、二人は曖昧《あいまい》な返事をするだけだった。

そのことを聞いた松永は、即座に自ら出向いて親族と話し合うことにした。話し合いの場となった静美の実家には、譽と静美が一足早く現れ、鉢盛りやビールなどを用意し、集まった親族に「とにかく松永の機嫌を損ねないでほしい」と懇願したという。その後、松永が主也と理恵子を引き連れて登場し、尊大な態度で数枚の紙を見せた。そこには、これまで純子に掛かったお金として、様々な名目の経費が羅列されていた。合計額は三千万円。松永はそれを示しながら「自分が三千万円を受領したのは、純子に掛かった費用の返済を受けたからだ」と主張した。

さらに、「緒方家の跡取りは、純子の長男、すなわち自分の長男である」「緒方家の財産は自分の長男が相続するのだから、三千万円を返す義務はない」と、ヤクザまがいの迫力で声を荒らげた。譽たちは松永から意見を求められると、「松永さんの言う通りだ」と賛同し、親族を説得しようとしたが、受け入れられるはずもなかった。

すると後日、松永は譽たちに「親族会議の当日、静美がO宅（譽の弟の家）に監禁された。その刑事告発は松永に委《ゆだ》ねる」という委任状を作らせ、さらにそれを朗読させてテープに録音している（この書類とテープは裁判所に証拠採用された）。もちろん、実際には刑事告発などされておらず、いずれも親族を恫喝《どうかつ》するためのネタにすぎない。親族も粘り強く応戦した。たとえば、松永が静美に命じて住宅販売会社に祖父名義の田んぼの売却を依頼させたときには、その田んぼに仮登記を設定し、売却交渉を阻止している。松永は譽を派遣して、仮登記を抹消するよう懇願させたが、親族は断固として応じなかった。

さらに親族は、松永と純子が指名手配されている事件の担当警察官に面会し、「譽たちが二人と行動を共にしている。どこかに潜伏しているようだが、ときどき久留米の家に戻ってくる」と情報提供し、久留米宅に警察官を張り込ませた。ちょうど小倉から帰ってきた静美が警察官に追及されたが、何も知らないと言い張って訊問《じんもん》をかわしている。直後、携帯電話で「警察官が久留米の家を見張っています」と松永に報告した。

おそらくこの時点で松永は、譽、静美、理恵子、主也、彩、優貴の六人全員を久留米には戻さず、マンションMで監禁生活を送らせると決断したにちがいない。すでに彩と優貴は人質同然にされていたが、理恵子と主也も九月中旬ごろから出勤しなくなり、どちらも十月三十一日付けで退職している。挨拶《あいさつ》にさえ訪れず、退職届が職場のポストに投げ込まれていたという。続いて譽は、十一月下旬に選挙の打ち合わせに参加した際、同僚に「ちょっと煙草《たばこ》を吸ってくる」と言い残して出て行ったのを最後に、職場には戻らなかった。静美は歯科で虫歯治療のために歯の型を取っていたが、数日後の受診予約をキャンセルして、譽と共に小倉での生活に合流した。

そして十二月下旬、松永は譽、静美、理恵子、主也の連名で「私たちが久留米にいられなくなったのは、あなたたちのせいであることを覚えていてください。人の心があるなら仮登記をはずしてください」と書いた手紙を各親族宅に郵送するという、手の込んだ演出をしている。

地元では、「譽さんの一家は失踪《しっそう》した」という噂《うわさ》が立った。

また、同時期までに緒方家の本家の預金口座からは、ほぼ全額が引き出されている。さらに、静美が複数のサラ金業者から限度額一杯の融資（三百万円）を受けていたことも明らかになっている。これによって静美と生計を同一にする譽はサラ金業者から借入れできなくなった。無職である主也や理恵子も借入れはできないため、ここに至って緒方一家は、金づるとしての利用価値がなくなったと言える。検察の調べでは、これまで松永が譽たちから受領した総額は、少なくとも約六千三百万円にのぼった。

マンションMで生活するようになった譽たちが、服部清志や宮田貴子の場合と同様に、過酷な状況に置かれたのは言うまでもない。純子の証言から、行動・服装・就寝・食事・排泄《はいせつ》などで、一家に課せられた厳しい制限を記してみよう。

まず、玄関ドアのチェーンは南京錠《ナンキンじょう》で施錠され、自由な外出を禁止された。松永の指示があったときのみ出られたが、車を移動させるのに駐車場へ行く、親戚《しんせき》などに何らかの工作をほどこす場合などに限られた。ときどき久留米の家に誰かが派遣され、夜中にポストの郵便物を取ったり、家の様子をチェックしたりした。

そして外出の際は、携帯電話から十五分ごとに連絡を入れる。「離れていても常に監視を受けている状態でした。松永の頭にはだいたいの地理が入っていますので、想定の時間内に所定の場所に到着しなければ、通電の原因になりました」と純子は言っている。

また、室内でも自由な移動は許されなかった。基本的には玄関をあがってすぐの台所に、全員が通路を背にして立たされていた。水を入れた狭い浴槽に、体を密着させ、立たされることもあった。会話は禁止され、無言である。「金をつくる話し合いをしろ」といった指示が出ると、立ったまま話し合った。

就寝のときは、台所で雑魚寝《ざこね》だった。布団《ふとん》は基本的に与えられず、真冬でも暖房器具は使えない。昼間に三、四時間寝ることが多かったが、その日の松永の気分で変化した。

緒方家の面々は、一着だけ与えられたジャージやスウェットという格好だった。久留米の家から持ってきた服は、松永の指示で捨てられたのだ。ずっと同じ物を身に着け、洗濯はごくたまにしか許されなかった。

食事は、最初こそコンビニ弁当やラーメンの出前などであったが、やがてカップラーメン、電子レンジで温めるごはん、食パンや菓子パンだけになっていった。一日一回、制限時間は七、八分で、時間内に食べ終わらないと通電の制裁があった。台所の床に新聞紙や広告紙を敷き、「そんきょ」の姿勢で食べるのが基本だった。

トイレが使えるのは大便のときのみ。それも一日一回しか許されず、便座の使用は禁止された。常に誰かしらが監視役となり、便座に尻《しり》をつけていないか、尻をきちんと拭《ふ》いたかなどをチェックした。小便は浴室や台所に置いてあるペットボトルにすることを義務づけられた。

「緒方家の人たちは、どんな立場だったのか」と当時の様子を検察官から問われた際、純子は「松永の奴隷《どれい》でした」ときっぱり答えている。

純子の証言によれば、監禁生活が始まる前の八月頃からは、通電も始まっていた。最初に標的にされたのは静美だった。純子が湯布院に出発する直前に、マンションMに呼び出されて純子に会った静美の「共同責任」が追及されたのだ。「なんで片棒を担《かつ》いだんだ！」と責め立てながら、松永は通電を加えていった。

その後、ターゲットは譽に移る。緒方家の親族会議に出席した譽に、通電を加えながら「誰がどのような発言をしたのか」と詰問《きつもん》していった。また、理恵子と主也を口論させては、松永がそれぞれの代理人として通電を加えていった。四歳の優貴は辛うじて免除されたが、九歳の彩は大人と同じように通電の標的にされた。

やがて連日のように、長時間の通電が行われるようになる。手、足、顔面、乳首、そして男女共に陰部――。服部清志のときと同様、通電の前にはかならず理由が言い渡され、どんなに些細《ささい》な出来事も理由になった。

純子は、理不尽な理由として、こんなエピソードを覚えていた。

「理恵子は『はい』と返事をするとき、『あっ、はい』というのが癖でした。松永の気分で、その返事が気に入らないと通電をしていました。それから彩ちゃんは、台所に置いてあった食べかけのお菓子をほんのちょっと食べたという理由で、『白状しろ』と通電を受けていました」

松永を頂点にした縦割りの序列で、通電を受けたのは、決まって最下位の者だった。そしてその序列は次々に入れ替わるため、緒方家の面々は一瞬たりとも気が抜けず、いわばお互いが〝ライバル〟だったのである。

誰かが些細な理由で最下位に落とされれば、他の者は安堵《あんど》し、絶対服従の態度を続ける。そして最下位の者は、序列を上げるために松永の歓心を買おうとし、家族を裏切ることも厭《いと》わなくなる。こうして家族は敵対関係に陥り、もはや結束して松永に対抗することもなくなる。

こうした心理を熟知している松永は、次々に家族の分断工作を仕掛けていった。その象徴的なエピソードを純子は語る。

「平成九年の十月頃に、盗聴事件が起こりました。その頃は主也さんよりも理恵子の序列が下だったと思います。松永は主也さんを持ちあげて、理恵子をいじめていました。そして頃合いを見計らって理恵子に、『悔しいだろ。主也をやっつけたいだろ』と持ちかけて、スパイにさせたんだと思います。理恵子は松永から与えられた盗聴器を部屋にセットして話し合いをもちかけました。松永は離れた部屋でその内容を盗聴して録音しました。松永の目的は、両親や主也さんの口から『純子を殺そう』と言わせることだったようです。私がいるばっかりに松永に大金を払わなければいけない状況でしたが、結局、誰も私を殺すということを言いませんでした。理恵子は松永の悪口を言わせる、という指示も受けていたようですが、緒方家の人間はそれも言いませんでした。計画が失敗した後、松永は理恵子が自分の手先だったと明かしました。理恵子までが家族を罠《わな》に陥《おとし》れようとしたのですから、みんな『もう誰も信用できない』と思ったようです。お互いに疑心暗鬼になり、それぞれが殻に閉じこもるような状況でした」

マンションの狭い一室、さまざまな厳しい制限、情け容赦なく行われる通電――異常な監禁状態のもと、緒方一家の心理状態は、どのような推移をたどったのだろうか。

通電などの暴行を受け始めた当初は、凄《すさ》まじい恐怖心を感じたに違いない。やがて、服部清志のときと同様、前章で述べた「学習性無力感」が生まれ、反抗や逃走を完全に諦《あきら》め、無気力状態に陥っていったのではないか。

そして通電を続けられるうちに、宮田貴子の言葉である「操り人形」と化していった。純子は「連日の通電で自分がなくなったような感じになりました。これはいい、これは悪い、というのではなく、松永の機嫌を損ねずに指示を実行するだけになりました」などと、すべて松永中心に考えるようになったと証言している。自分の判断などはなく、松永の指示を絶対視し、彼の利益を最優先させる。これは純子のみならず、緒方一家の集団心理であった。

続いて彼らは、虐待者《ぎゃくたいしゃ》、すなわち松永に依存するという、倒錯的な心理段階に至ったようだ。たとえば純子の証言によれば、譽は財産の大半を献上したあと、「もうこうなったら、松永さんにぶら下がって生きていくしかありません」と松永に語っていたという。逆に、譽たちが内心では松永を憎悪《ぞうお》していたと推察できる言動は、まったくと言っていいほど窺《うかが》えない。松永についていくという言葉は、譽の本心であったのだろう。実弟たちと闘ったのも、松永の指示に背けば報復されるという恐怖心より、松永への忠誠心によるものだったのかもしれない。

この緒方一家の心理状態は、「集団でさまざまな虐待や生活制限を受けていた」という点で共通している、強制収容所の囚人達からも推察できる。『強制収容所における人間行動』（岩波書店、清水幾太郎訳）の著者であるユダヤ人の精神科医・コーエン医師の研究によると、ナチス収容所の囚人たちの心理状態は恐怖から無気力へと移行し、しまいには、いつ自分の命を奪うかもしれないナチスの隊員への過剰な依存心に転じていったという。

また、囚人同士は助け合いよりも争いをくり返し、より弱い者をいたぶり、中には肉親を平然と見捨てる者もいた。そして、ナチスの手先となって仲間の囚人達を監視し、暴行や殺害を加える「カポー」という存在まで生まれたのである。

マンションMでの監禁生活の中で、緒方一家は代わる代わる松永のカポー的な存在と化した。身内同士で裏切りと虐待を続け、それが互いの殺し合いにつながっていったのである。

第五章　二人、三人、四人目

通電などの虐待が行われていたマンションMの台所

湯布院騒動から約八ヶ月後の平成九年十二月二十一日、緒方家から第一の死亡者が出た。

純子の証言によれば、前日の夜、松永は台所に立たされている譽たちを和室に呼び入れ、「これから話し合いをする」と言い出した。いつもの通り、あぐらをかいて酒を飲んでいる松永を中心にして、緒方家の面々が扇型に並び正座をする。松永を議長のようにして、緒方家の今後の身の振り方、松永から要求された金をどう作るか、などについての話し合いが進んだ。

その間、譽に対して、何度も通電が加えられた。譽は十二指腸潰瘍《かいよう》の手術後の病み上がりであったが、この時期はランクの最下位に落とされ、情け容赦なく通電のターゲットにされていたのである。

それは、前にも述べた、緒方家の親族が譽の父親の田んぼに仮登記を設定したことから始まった。松永にとっては、寝耳に水の出来事であった。松永は相当悔しかったらしく、誰が入れ知恵したのか犯人探しをはじめ、「そういうことに詳しいのは譽だ。

親族会議でこっそり提案したのではないか」と、譽に疑念を向けた。金主としての価値を失い、もはや足手まといでしかない緒方家に対する憂《う》さ晴らしとして、最初に家長を標的にしたのかもしれない。

その日も松永は、「態度が偉そうだ」「口の利《き》き方が悪い」などと譽に因縁をつけ、自分で電気コードのクリップをつけるよう命じた。譽は正座をしたまま、言われたとおり老いた体にクリップを取り付けていく。電気を通している最中も、仮登記の件で追及が続いた。

「言い出したのはあんただろ！」

「私ではありません」

「嘘《うそ》つくな！」

松永は両手に持ったコードを瞬時に接触させ、譽は口を真一文字に結んで耐える。

「嘘ではありません」

「親族会議は盗聴してあるんだから、俺はその内容を全部知ってるんだ。俺のバックには盗聴も楽々できる大きな組織があると言っただろ」

「そう言われても、私ではありません」

「すべてわかっているんだから、正直に白状したらどうだ！」

ふたたび電気が通されるが、譽は微動だにしない。結局その晩も、譽は認めなかった。

翌早朝、別のアジトから荷物を回収するよう指示を受け、譽、静美、理恵子、主也の四人は、車で熊本方面に向かい、純子は四人からの連絡を受ける電話番をした。十分、十五分後の定期連絡を受けた後、突然松永から風呂《ふろ》に入っていいと言われ、純子は「ありがとうございます」と礼を述べ、久々に入浴した。しかしすぐに恭子が浴室に二回来て、ポン酢がどこにあるか尋ねてきた。冷蔵庫の中の場所を教えたが、三たび恭子が来て「急いであがれ」という松永の指示を伝えた。譽たちも呼び戻されたとのことだった。

純子はこのときの心境を、法廷でこう語っている。

「二回もポン酢の場所をきかれたので、冷蔵庫をどこに何があるかわからないほどグチャグチャな状態にしていると松永が怒って、父たちに飛び火したんじゃないかと思いました。私が問題をおこせば、すべて家族の責任になりました。私の行動にすべて責任を持つという念書も書いていたし、私が松永の気にいらないことをすれば、家族にも制裁がありました」

純子はバスタオルで身体《からだ》を入念に拭《ふ》いた。ドライヤーを使ってはいけないので、髪の毛は何度も何度もタオルで擦《こす》った。身体が濡《ぬ》れていたり湿っていると、そのぶん電流が通りやすくなるからである。

服を着て台所に行き、松永に譽たちを呼び戻した理由を尋ねると「彩の態度が悪い」という返事だった。彩にもポン酢を探させたが、探せなかったことに腹を立てているようだった。純子の記憶では、それまでに彩が冷蔵庫を開けたことはなく、したがってポン酢を探せなくても仕方がない。実際、何度も冷蔵庫を見ている恭子でさえ、二度も訊《き》きにきたぐらいなのだから。

松永は、彩が探せないことも織り込み済みで、ポン酢を持ってくるよう指示したのではないか。彩の「失態」は、譽たちを呼び戻して因縁をつける絶好の口実となる。

譽たちが慌《あわ》ただしく戻ってきた。和室であぐらをかいている松永の前に、譽、静美、理恵子、主也、彩、そして純子が正座をして、弧を描くように並んだ。恭子は隣室で松永の子供たちの世話をしていた。優貴はアコーディオンカーテンで仕切られた玄関付近に立たされていた。

松永は彩の態度について一通りの説教をしたあと、「おい、電気を持ってこい！」と、通電の準備を純子に命じた。ターゲットとして指名されたのは、ふたたび譽だった。純子は「父に通電することになった理由は憶《おぼ》えていません。そのときは父以外には通電していないと思います」というが、もとより理由などは何でもよかったのだろう。

譽は指名を聞くと立ち上がり、あぐらをかいている松永の前に出て正座した。「最初は指と腕だ」という指示に、譽は袖《そで》をまくり上げ、クリップを右手の指と右の前腕部に付けた。松永が電気を通すと、譽の手首や肘《ひじ》は飛び跳ねるように曲折した。しかしその時も譽は目を閉じて口を真一文字に結び、何事もなかったかのように正座を続けた。そして「次はここにつけろ」という指示に従い、自ら装着部位を移していった。

「通電される者は松永に言われた通りに、自分でクリップをつけることになっていたのですが、特に父は指示に忠実でした。私は身体の肉をたくさん挟むと余計に電気が通るので、姑息《こそく》なやり方というか、できるだけ挟まないで逃れようとする傾向があったのですが、父はクリップ全体で肉を挟んでいたので、あんなに挟まなくていいのに、と見ていた記憶があります。そして父はいつも我慢づよく、痛くても顔にも口にも出しませんでした。父はそういう性格でした」

そして、松永の指示は乳首に向かった。譽は裾《すそ》をめくって乳首を出し、二つのクリップを両乳首に付け、裾を下ろした。

「俺はきついから代われ」

松永は純子に通電道具を差し出した。

「父に通電したいという気持ちはありませんでした。でも、松永に『したくない』とは言っていません。私は逆らったことはありません。逆らう意思が最初からないので、逆らえばどうなるかという考えは、そのときにはありませんでした」

しかし、それでも乳首への通電は心臓が近いだけに危険であり、他人の乳首へ電気を通すのは初めてだったので、純子は譽の前に正座をしたとき、「大丈夫でしょうか」と松永に尋ねた。

「大丈夫、大丈夫」

松永がそう答えた瞬間から純子の不安は消え去り、松永の代理人になりきった。父親を呼び捨てにし、松永と同じ口調で罵詈《ばり》雑言を浴びせかける。

「卑怯《ひきょう》なことですけど、一生懸命に文句を言わないと、いつ自分に降り掛かるかわからなかったので、本心ではなくても、父を精一杯に非難しました」

純子は右手に両乳首に装着したコードのプラグを、左手には電源に差し込んである延長コードのコンセントを持つと、できるだけ短い時間で終わるよう、手首にスナップをきかせてプラグをコンセントに差し込んだ。しかし直後に、おそらく松永にとっても予想外のハプニングが生じた。譽は一回目の接触で、両手を太股《ふともも》の付け根に置いた正座の姿勢のまま、右斜め前にゆっくりと倒れた。額は畳についた状態になった。

「そのときは腹だたしく思いました。感電して倒れたのではなく、オーバージェスチャーだと思ったからです。私自身が乳首に通電されたときに、思わず前屈《まえかが》みになる痛さを経験していますが、頭まで畳につけるのはオーバーだと思いました。姑息なことですけど、私は、さほど痛くなくても、平気にしていると通電が長引くので、オーバーに痛がったことがあります。父の性格を考えれば、そんなことはしないと思いますが、自分と同じレベルで考えていました」

純子は鬼のような形相で「何してるんだ！」「ちゃんと顔あげろ！」と譽を叱《しか》りつけ、もう一度コードを接触させて電気を流した。その瞬間、「やめろ！」と松永が叫んだ。

「えっ、何だろう？」

純子は慌てて手を止めたが、止められた理由がわからずに松永の顔色を窺《うかが》った。松永は譽の身体を仰向けに寝かせた。皆が無言で譽を囲んでいるなか、唯一《ゆいいつ》、彩だけが「おじいちゃん！」と泣き叫んだ。

「大きな声を出すな！　俺は人工呼吸をする。純子と主也は心臓マッサージをしろ。静美と理恵子は足を揉《も》め」

松永の指示で、全員がいっせいに動き始めた。

純子は、自分が仕出かしたことの重大さにようやく気づいた。主也と共に「いち、にい、さん」と拍子を取り、譽の心臓部を強く押し続けながら、「お父さん、息を吹き返して！」と心の中で叫んでいた。しかし譽の身体はみるみる青ざめて冷たくなり、ついに松永から、作業をやめるよう命令がくだった。

隣室で目撃していた恭子も、譽の死亡場面について証言している。純子の証言とほぼ一致していたが、クリップを取り付けたのは、乳首ではなく唇だと語った。「譽さんは広告紙を折ったものを噛《か》まされて、上下の唇に一つずつクリップを付けられて電気を通されました」という。

この違いについては、実行役を務めた純子の記憶のほうが正確であろう。恭子は他の通電場面と混同したとも考えられる。いずれにしても、乳首への通電は心室細動を引き起こす危険、唇への通電は湿っている口腔《こうこう》内から電流が脳幹部まで達する危険がある。また、そこへの一回の通電で電撃死したという点では、二人の証言は完全に一致している。

蘇生《そせい》行為をやめさせて譽の死亡を確認すると、松永は突然奇妙なことを言い出した。

「譽の金歯がない。すぐに探せ！」

この突拍子もない指示に対して、純子は「何一つ残さないためではないでしょうか。一部でも誰かが持っていて、警察に話したら困るという思いがあったのではないでしょうか」と推測している。しかしそこには、一家の大黒柱を失った緒方家の人々の動揺を紛らわし、悲しみや怒りといった感情の矛先が自分に向かうのを防ぐという、別の意図もあったのではないか。

実際、静美たちはまるでロボットのように反応し、家具やカーペットの下など徹底的に探したが見つからなかった。すると松永は真顔で「金歯は体内にあるだろうから、死因は、金歯が人工呼吸の途中で折れて、気道に入って、気道をふさいだからだろう」と言った。誰が聞いても荒唐無稽《むけい》な死因だが、自分が犯したことに恐怖を感じていた純子は、この言葉で救われた。

その後、布団《ふとん》に寝かせた譽の遺体を囲みながら、遺体をどうするかの話し合いが行われた。緒方家の誰もが、普通に葬式をあげて墓に埋葬したいと思っているのを感じた松永は、「葬式をあげたら警察に勘付かれる。そうすれば自分たちは取り調べを受けて逮捕される」「警察沙汰《ざた》になったら、純子のすべての犯罪行為がばれてしまう」「公務員をしている親戚《しんせき》は仕事を辞めねばならず、大変な迷惑がかかる」など、葬式をあげることで生じる「不利益」を次々に捲《まく》し立てた。そして一言、「清志のときのような方法もあるぞ」と、ほのめかした。

純子はこのときの心境を法廷でこう語った。

「『いやだな』と思いました。私が結果的に父を殺してしまったのですから、捕まってもいいから、普通にお葬式をしてあげたいと思いました。でも、それを口にしたら『清志のときはバラバラにしたのに、父親のときにはできないのか！　恭子だってそうしたのに、おまえはできないのか！』と言われると予測したので、従うしかないと思いました。たしかに、私よりも年齢が低い子に酷《ひど》いことをさせているわけですから、何も言えないと思いました」

しかし、さすがに純子も返事にとまどっていた。すると、重い沈黙を打ち破るかのように静美が「そうします」と答えた。松永はうなずき、「やり方は純子が知っているから」と言った。

純子は解体道具の説明をして、主也と理恵子が買いに出掛けた。費用は松永からの借金という形を取り、静美が借用証書を書いた。

子供たちには何も知らせず、小倉北区内の旅館に連れていき、恭子に世話をさせた。

しかしすぐに彩だけが呼び戻された。彩は譽の死亡現場を目撃していたので、「彩ちゃんにどう説明するのか」と松永が主也と理恵子を追及し、「彩には解体を知らせて手伝わせる」という結論を出させたのだった。

彩に対して松永は、「彩ちゃんが以前、神社に行ったときに、神社の神様に『おじいちゃんなんて死んじゃえ』とお願いしたから、本当に死んじゃったんだよ。彩ちゃんのせいでおじいちゃんは死んだんだ」と語った。純子の記憶では、その出来事は、久留米で平穏な生活をしていた頃にあった。出先で、冷し中華を食べさせてあげるという約束を守ってくれなかった祖父に腹を立て、彩が神社でそう願ったという話を聞いたことがあった。

松永はそんな子供らしいエピソードまで利用して、十歳の彩に罪悪感を植え付け、解体作業を手伝わせる理由にしたのである。「松永は家族それぞれからいろんなエピソードを上手に聞き出していて、それを頭のなかに入れているのです」と純子はいう。

解体作業の役割は、細かな部分まですべて松永が決めた。譽の遺体を浴室に移し、いよいよ作業を始めようというとき、松永は日本酒を持って現れて彩を除く四人に酒を飲ませ、自分は和室に引きこもった。血抜き、切断、煮込み、ミキサー掛け、ペットボトル詰め、海や公衆便所などへの投棄……。五人は約十日間、黙々と作業を進めた。

金歯を捜すよう指示を受けていたので、臓器の中まで懸命に探した。そしてなんと、肺の中から見つけ出し、松永に報告した。

譽の死体解体作業は平成九年の年末に終了し、平成十年は、ふたたび通常の監禁生活で幕を明けた。集中的に通電を受けていた譽がいなくなり、松永は次のターゲットを静美に移した。通電場所は、いつも台所だった。手足や顔面はもちろんのこと、特に純子の記憶に残っているのは、陰部への通電である。

「陰部へ通電されるときは、台所の床に仰向けに寝かされ、膝《ひざ》を曲げた状態でした。妹が母の横で、同じ恰好《かっこう》で寝ていたときもありました。松永は椅子《いす》に座り、手元には母や妹の下半身から伸びている電気コードがあって、何か言いながら通電していました。母や妹の頭のところには恭子ちゃんが立っていました。松永の助手のようなことをしていたのだと思います」

集中的に虐待《ぎゃくたい》を受けるようになって半月が経《た》った頃、静美は「あー」「うー」と奇声を発するようになる。松永は「静美は頭がおかしくなった」と言い出し、奇声が外に洩《も》れるのを心配し、台所から浴室に移すよう指示した。

静美は抵抗することもなく浴室で寝起きをした。しかし食事や水はいっさい受け付けなくなり、口元まで持っていっても頑として口を開けない。会話にもいっさい応じなくなった。

相変わらず奇声を発していたので、松永は苛立《いらだ》ちを募らせ、「外に聞こえたら110番通報されるかもしれない。そうなれば俺や恭子に迷惑がかかるから、ここに置いておけない」としつこく言うようになった。そしてついに一月二十日、松永の指示で、静美の処遇についての話し合いが行なわれた。

台所に立たされている純子たちに対して、松永は「このまま放置しておいて、どんどん悪くなっていって、手がつけられなくなったらどうするんだ。実際に譽の解体をしたのはおまえたちなんだから、通報されて困るのはおまえたちだろ」と迫った。

松永が話している間も、静美の「あー」「うー」という奇声が聞こえてきて、純子は焦燥感に駆られた。「たしかにお母さんの奇声で通報されるかもしれない。身内でない松永や恭子ちゃんに迷惑がかかるのは避けないといけない。母をここから出さなければ」と思った。

純子たちは懸命に考えて、アパートを借りて静美を連れていく、精神病院に入院させる、などと松永に提案した。しかし松永は「外に出して静美が余計なことをしゃべったらどうするんだ。警察に通報されて困るのは、おまえたちだろ」「部屋を借りるにしても、精神病院に入れるにしても、お金がかかるだろ。俺に対して何千万という借金もあるのに、そんな金をおまえたちがどこから持ってくるんだ」などと、純子たちの提案をことごとく拒否した。そして、「あと一時間以内に結論を出せ」と言い残し、和室に入っていった。

時間を区切られたことで、四人はますます焦《あせ》って案を出したが、どれも松永を説得できそうになかった。その間にも松永はちょくちょくと顔を出し、「もう少し待ってください」と頭をさげる純子たちに「あと×分だぞ」とプレッシャーをかけた。

いよいよ制限時間が迫ってきた。松永は和室から出てくると、唐突に「金は貸してやってもいい」と低い声で言い、すぐに和室に戻った。その瞬間、純子たちは互いに顔を見合わせ、誰も口を開こうとはしなかった。

純子はこのときの心境を法廷でこう語った。

「当初は、松永の真意がぜんぜんわかりませんでしたが、『金は貸してやってもいい』という言葉で、もしかしたら、母を殺せと言っているのかなと思いました。アパートを借りる案や、精神病院に連れていく案は否定されたので、その金とは、母を外に連れ出す費用とは思えませんでした。父の解体のときも『金は貸してやる』と言われて、解体道具を買うお金の借用証書を書きましたから、同じことを意味しているのだとしか思えませんでした」

長い沈黙を破って、純子が「殺せ、ということかな？」と呟《つぶや》くと、理恵子か主也のどちらかが「たぶんそうでしょう」と消え入るような声で答えた。ふたたび誰もが口を結んでうつむき、重々しい沈黙に包まれた。

「私は、母を殺したいとは思いませんでした。とんでもない、という感じでした。犯罪が明るみになる危険性はあっても、だから殺すという発想にはなりませんでした。松永と私が関係をもったことで、母を巻き込んでしまったので、母から恨まれることはあっても、私が母を恨むことはありませんでしたから。でも、松永を納得させる良い案は出せませんでした。誰も『お母さんを殺そう』と言い出せませんでした。いよいよ時間が迫ってきたときに、私は『とにかく松永を納得させるために、とりあえず〝殺す〟と言っておこう』と思いました。松永がすぐに殺すつもりだとは思いませんでしたし、私の認識では母はさほどひどい状態ではなく、もしかしたら治るかもしれないとも思っていたので、時間を引き延ばすつもりでした。主也さんと妹も同じ思いだったと思います」

話し合いを命じられてから二時間ほど経過し、純子は松永を呼びに行き、「母を殺すしかないと思います」と告げた。松永は満足気な表情を浮かべて、「おまえたちがそうしたいのなら、そうすればいい」と答えた。純子はこの瞬間、「やはり最初から、私たちがお母さんを殺すということを望んでいて、そこに誘導するために話し合いをさせたんだな」と確信した。

しかし、そこまでは純子の予想内であったが、すぐに考えが甘かったと思い知らされる。台所に棒立ちしている純子たちに対して、松永は「やるんだったら早くやれ」と迫ってきたのだ。主也が慌《あわ》てて「良くなるかもしれないので、もうしばらく様子をみましょう」と答えたが、「手がつけられなくなったらどうするんだ。いまは暴れていないからいいけど、殺す段階で暴れるような状態になったら、殺害が困難になる」と松永は捲し立てた。まったく反論できないまま、ついに純子が「わかりました」と答え、理恵子と主也もうなずいた。

そしてこの瞬間、刑法に基づいて考えると、事件はまったく新たな段階に突入したのである。

清志と譽の死に関しては、「殺すつもりはなかった」と純子は殺意を否定し、純子の弁護人も「清志、譽の死亡については殺人罪は成立しない」と主張している。しかし静美の場合は、純子自らが明らかな殺意（確定的殺意）を抱いて殺害したことを全面的に認めているのだ。

「わかりました」という純子の返答に、「では、どうやって殺すんだ」と松永は畳み掛けた。相手に迷いを生じさせないため、次々と質問を浴びせる手口だ。案の定、純子たちは松永に迫られ、殺害方法についてあれこれと思案をはじめた。

「私のなかで人を殺《あや》める方法として出てきたのは、刃物で刺す、頸動脈《けいどうみゃく》を切る、首を絞めるというくらいです。通電は思い浮かびませんでした。そもそも私には電気で死ぬという発想はなく、父はいろんな偶然が重なって電気で亡《な》くなったという認識でした。誰かが、『刃物で刺してもすぐに死ぬかわからないし、刺されたほうは苦しむし、血が飛んだら良くないんじゃないか』と言いました。松永は血が飛ぶことを極端に嫌っていたからです。私も顔面を殴られて壁に血が飛ぶと物凄《ものすご》く怒られ、口にティッシュを詰め込まれて叩《たた》かれました」

最終的に、殺害方法は電気コードでの絞殺《こうさつ》に決まった。首を絞める役割は主也、足を押さえる役割は理恵子になった。主也は松永から指名を受けた瞬間、「えーっ」と嫌そうな顔をしたが、全く反論はしなかったという。

純子が電気コードを用意した。室内にある物を使うときにはすべて松永の許可を得なければならなかったので、このときも「電気コードを貸してください」と申し出て許可をもらった。殺害後の死体解体は既定路線となっていたので、純子は解体道具を先に買いに行こうと思い、この費用も借りようとすると、「買いに行っている間に、声が外に聴こえてばれたらどうするんだ。先に殺せ」と強く命じられた。

純子、理恵子、主也、そして彩は台所と洗面所を仕切るドアを静かに開けた。主也は純子から電気コードを受け取ると、緊張した面持ちで浴室のドアを開ける。洗面台の電球の明かりが暗闇《くらやみ》に差し込み、洗い場で寝ている静美の姿がぼんやりと見えた。頭を奥、足をドアのほうに伸ばして仰向けになり、目を閉じて微《かす》かに寝息を立てている。主也と理恵子はそっと中に入っていき、主也は静美の顔の横、理恵子は膝の横にしゃがみ込んだ。「おまえたちは何もするな」と指示されていた純子と彩は、浴室に入らず、洗面所に立ったまま様子を見ていた。

主也は静美の首に電気コードを一回だけ巻き、首のうえで交差させ、しばらく静美の寝顔をじっと見つめた後、上半身をほとんど動かさず、手首だけでコードを引きはじめた。静美は「ぐえー」という声を上げ、足をばたつかせた。手だけで足を押さえていた理恵子は慌てて両膝を抱え込み、覆《おお》いかぶさって足の動きを抑え込んだ。主也はだんだんと前屈《まえかが》みになり、目一杯にコードを引っ張り続けた。

数分後に静美の動きは完全に止まったが、それでも主也は力を緩めない。「動かなくなっても絞めつづけるように」との松永の指示を忠実に守っていた。しかし、力の限界に達したのだろう、首を締めながらおもむろに顔をあげ、洗面所から様子を見ていた純子に向かって「もういいですか？」と訊《き》いた。

「もういいんじゃないですか」

純子の言葉に、主也はようやく力を緩めてコードを手放し、ゆっくりと立ち上がって浴室から出てきた。

純子は主也の身体《からだ》に隠れて見えなかった母親の死顔を、初めてまじまじと見つめた。

「そのときは悲しいとか、可哀想《かわいそう》とか、そういう感情すら浮かばないような……。うまく説明できません。母の口から前歯が出ていました。私も歯が出ていますから、『ああ、私もあんなふうに歯が出た状態で死ぬんだろうな。私のときには、口にガムテープをはってもらおうかな』という気持ちになったのを憶《おぼ》えています」

松永への報告は純子の役割だった。和室の入口から「終わりました」と声をかけると、「ああ、そうか」とだけ松永は答え、浴室に来て静美の死体を確認し、「手を胸の前で組ませろ」「タオルを顔にかけてやれ」と指示を出した。

すぐに解体作業に取りかかった。松永から借金をして解体道具を買いに行き、彩も含めた四人で作業を始めたが、静美は皮下脂肪が多かったので最初の切断から手こずった。さらに静美はずっと便秘をしていたので、大腸を切断すると多量の便が出てきて、強烈な悪臭が漂った。

それにもかかわらず松永は、静美の死体解体を急《せ》かせた。切断作業、煮込み作業が終了するまでは一睡も許さず、その後もごくたまに浴室か台所で座りながら仮眠を取らせるだけだった。

脂肪の多い部位の切断方法や悪臭の対処法に関しても、松永は細かな指示を出した。そして臭《にお》い消しのために、肉片を煮込む鍋《なべ》に大量の茶の葉を入れたり、内臓を泥状にするミキサーに大量の生姜《しょうが》を入れたりといった処置がなされた。

一月下旬、殺害から一週間ほどで静美の死体解体作業が終わると、生活場所が分散された。マンションMから徒歩で十五分ほどの場所に借りていたもう一つのアジト、マンションVに松永、純子、長男と次男、理恵子、彩が移り、Mには主也と優貴、恭子が残った。

この移動を指示した松永の意図を、純子は、誰かが逃亡するのを防ぐためではないか、と推測している。

「まず妹と主也さんを引き離したのは、結託して逃げ出させないためだと思います。そして彩ちゃんと優貴くんを別々に住まわせることで、主也さんが逃げ出そうと思っても、彩ちゃんが人質に取られていますし、逆に妹が逃げようと思っても優貴くんが手元にいないわけですから、心理的な抑圧になっていたと思います」

さらに純子は、主也と恭子を同居させたことについて、こんなことを記憶していた。

「松永が恭子ちゃんに、『おまえが主也を誘え』『色仕掛けをやってみろ』と言っていたのを憶えています。その目的については『主也の弱みになる』『それをネタに脅せる』みたいなことを言っていました」

また、理恵子を一緒に連れていった目的については、「当時、買物などこまごましたことは、ぜんぶ妹がさせられていました。そういったことと、あとは推測ですので、申し上げなくてもいいと思います」と言葉を濁している。

それに関して松永自身は、理恵子と肉体関係を持っていたことを法廷ではっきり認めている。静美の場合と同様、理恵子のほうから積極的に誘ってきたとする主張ではあるが……。

ただ松永は、理恵子を主也から引き離して寵愛《ちょうあい》していたわけではない。純子の証言によれば、普段は彩といっしょに浴室に閉じ込め、起きているときは洗い場に二人並んで立たせ、眠るときは浴槽で向き合いながら体育座りをさせていたという。

松永の指示が出ると、純子が浴室へ理恵子を呼びに行く。理恵子は様々な用件で酷使されたうえに激しく通電された。四つんばいでの両顎《りょうあご》への通電がいちばん多かったが、前述したように、陰部にも電気を流されて、何度もやけどを負っていた。そのつど、純子が手当てをした。

その他に理恵子は、ガムテープで髪を束ねられて、はさみでバッサリ切り落とされたり、上半身は裸で下半身はパンティーのみ、両乳首に小さく切ったガムテープを貼《は》られた姿で家事などをやらされていた（これは一時期、純子に対する制裁としても行われた）。

つまり静美亡き後、奴隷《どれい》ランクの最下位に置かれたのは理恵子だったのである。

やがて、理恵子に異変が起こる。純子はこう証言している。

「以前に増して理恵子は痩《や》せましたし、耳が聞こえにくくなっていました。そのために松永の指示を取り違えるようになって、それを理由に通電されていました。松永は事細かく指示を出すんですが、ちょこちょこ変わるんです。私も、聞いているうちにわからなくなって失敗した経験がたくさんあります。松永は、『俺はそんなこと言っていない』『俺の指示はころころ変わるんだから、いちばん最後、一秒前に言ったことがいちばん正しいんだ。よく聞いておけ』と言っていました。逆に『自分で判断しろ』と曖昧《あいまい》な指示を出すこともあります。だから私は、理恵子の耳が遠くなっただけではなくて、松永の指示の出し方も悪いと思って見ていました」

純子はさらに、理恵子の身体の異変について、こう証言した。

「生理が止まっていました。トイレのとき、かならず私が監視役で見ていたから分かりました。生理中にナプキンを渡すのは私の役目になりますが、その頃、妹にナプキンを渡したことは一度もありませんでした」

松永は理恵子の生理が止まったことを、特に気にかけていたという。「理恵子の生理は始まったか？」と何度も純子に尋ねてきて、「まだです」と聞くと黙り込んで思案したり、「急に痩せたり、体重が変化したりすると、生理が止まることがあるし、たぶんそれで生理が来ないんだろう」などと、自分自身を納得させるかのように話し出すときもあった。

純子は当時、こうした松永の反応について、深くは詮索《せんさく》しなかったという。しかし逮捕後に記憶を呼び戻していくうち、次のような考えに至った。

「もしかしたら妹は、松永の子供を妊娠していたんではないかと思います。その根拠は、松永が私に『俺は理恵子とは関係を持たなかった』とか『理恵子から誘われたけど断った』とか『俺はふくよかな女が好みだから、理恵子とはしなかった』と言い出したことです。松永を長年見ていて分かったことですが、私がまったく気づいていない問題でも、ごまかすために自分から口火を切って話し始める癖があります。そのときもその癖が出たんだと思います。生理が止まっている頃の陰部への通電も、流産をさせるためではないかという疑いがあります。妹が妊娠しているのがわかると、緒方家を支配するのが難しくなると思ったのではないでしょうか。主也さんから反感を買うし、私の反応なども案外心配したんじゃないかと思います」

そして純子の推測は、ここまで及んだ。

「当時はわかりませんでしたが、もしかしたら妊娠の発覚を防ぐために、理恵子を殺したのかもしれません」

この推測は、当時の松永の言動に照らし合わせると、俄然《がぜん》、現実味を帯びてくる。

理恵子を浴室に閉じ込めたのは自分の指示であるにもかかわらず、突然、「理恵子がいるから風呂《ふろ》に入れない。迷惑だ！」などと難癖を付け始めた。だが、純子が理恵子と彩を浴室から出そうとすると、「理恵子たちを出したら玄関先に立たせることになる。そしたら、俺が洗面所で服を脱いでいるのが見えるかもしれない。俺がなんで、理恵子たちの前で服を脱がなくちゃいけないんだ」などと不自然な断わり方をしてきた。そのくせ、その後も何度か「風呂に入れないからどうにかしろ！」と純子を追い立てた。

さらに松永は、「理恵子は頭がおかしくなったんじゃないか」とも言い始めた。日が経《た》つにつれてその頻度は増し、「静美みたいになったらどうするんだ！」とまで口にするようになる。

純子は、松永の意図をこう推し量った。

「最初は、お風呂に入れないので申しわけないと思っていましたが、入ってもらおうとしても断るので、何を考えているのかと思い始めました。それと合わせて『頭がおかしくなっている』『静美みたいになったらどうする』などと言われるうちに、妹を殺そうとしているのかと思い始めました。でも松永に確認したことはありません。もし言えばそれに飛びついてきて、私の責任で殺すように誘導されるに決まっていますから。妹は殺したくなかったので、自ら責任を被《かぶ》ることは致しませんでした。『頭がおかしい』という言葉には、『耳が遠いからじゃないですか』とそれとなく否定したり、自分が妹を叱《しか》ることで松永の言葉を聞き流していました」

しかし、ついに逃れられない時が来た。

二月九日の夕方、浴室から理恵子と彩の大きな声が聴こえてきた。

「いいえ、松永さんはそう言った！」「お母さん、それ違うやん！」

どうやら二人は、松永の指示の解釈をめぐって口論をしているらしかった。理恵子と彩のケンカに接するのは松永も純子も初めてのことで、案の定、松永はその機会を逃さず、しばらく口論の内容に耳を傾けてから「やっぱり理恵子は頭がおかしい」と結論づけた。

その日の午後十時ごろ、松永は純子に目配せしながら、「今からむこう（マンションM）に行く。むこうに行くというのはどういうことかわかるだろ」と言った。純子はこの瞬間、はっきりと、「松永は、理恵子を殺せと言っている」と確信した。

「当面の生活用品を用意するように」と松永から指示され、純子は哺乳《ほにゅう》ビンやミルク、松永の下着などをボストンバッグに詰めた。深夜に主也を呼んで運転させ、松永、純子、長男と次男、理恵子、彩は車でMに移動した。到着後、松永は「理恵ちゃんは風呂場に寝とっていいよ」と優しく言い、理恵子は「ありがとうございます」と礼を述べてから浴室に入っていった。

その様子を確認した松永は、台所に立っている純子、主也、彩に向かって、「俺はいまから寝る。緒方家で話しあって結論を出しておけ」とだけ指示を出し、純子たちが茫然《ぼうぜん》としていると、「早く行け、早く行け」と急かせて洗面所のほうへ追いやり、「俺が起きるまでに終わっておけよ」と言い残して洗面所のドアを閉めた。

狭い洗面所内に立ち尽くしながら、純子、主也、彩の三人は話し合いを行った。「結論を出しておけ」と言われたときには、「理恵子を殺すという結論を出しておけ」

なのか「理恵子を殺しておけ」なのか言葉の真意がわからなかった純子も、「終わっておけよ」と言われた時点で、百パーセント「殺しておけ」という意味だと理解していた。

理恵子と離れて暮らしていた主也に、純子は事情を詳しく説明し、「松永は『理恵子を殺せ』と言っていると思うんだけど……」と切り出した。主也はしばらく間を置いてから、覚悟を決めたかのように「そうでしょうね」と相槌《あいづち》を打った。

そしてすぐに話題は「何で絞めたらいいんだろう？」という絞殺方法に移っていった。「勝手に新しい物を使うと松永さんから叱《しか》られるかもしれない」「お母さんのときのコードが残っている。ゴミにするものなのだから使っても叱られないだろう」などと話し合い、とりあえず純子が洗面所から出て玄関に行き、捨てるために置いてあった電気コードを取って来た。

いよいよ理恵子殺害が現実味を帯びてきたとき、主也に迷いが生じたらしく、彩に向かって、「お母さんはほんとうに頭がおかしいと？」と再確認した。彩は淡々とした口調で、この部屋に移動するきっかけとなった口論の様子を説明し、「たしかにお母さんは頭がおかしいみたい」と結論づけた。純子も再度、「理恵子は頭がおかしい」と念押しした。

「進んで殺したいという気持ちはありませんでした。でも、松永が理恵子は頭がおかしいと決めつけて、殺すよう指示して、私たちを洗面所に閉じ込めたわけですから、そうなった以上逆らえないという心境でした。とにかく松永から言われたことを行うことだけ考えていました」

純子のこの心境は、しかし、主也の一言で一変する。主也はしばらく考え込んだ後に、切々とこう語り出した。

「松永さんが『殺せ』と言っているんだろうから、殺さなきゃいけないだろうけど、優貴にどう説明したらいいんだろう。優貴はお母さん子で、お母さんに懐《なつ》いているから、理恵子を殺してしまったらどんな思いをするだろう。母親がいなくなったことを、優貴にどんなふうに説明したらいいんだろう」

この言葉で、純子は、「出来ることなら殺害を回避したい」という気持ちを強めた。そして三人の話し合いも百八十度転換し、どうしたら殺害を回避できるか、知恵を絞り合った。

主也が「松永さんにもう一回尋ねてみたらどうだろう。松永さんの指示は『殺せ』と断定していなく婉曲《えんきょく》的なので、それを利用して『意味がわからないんですが』と尋ねたらいいんじゃないか」と提案すると、純子は即座に「そんなことをしたら通電されるに決まってる。和室で寝ている松永を起こしたら通電されるし、『そんなことをいちいち聞いてくるな！』と通電される」と異議を唱えた。しかし、なかなか妙案は思いつかず、「やっぱり主也さんの案しかない。もう一度松永に聞きにいこう」と純子が決断をくだした。電気コードを持ってきてから、約二時間が経っていた。

純子はこう証言する。

「聞きにいくという結論でまとまり、どのように聞くかを三人で考えて、『これ以上の名案はない！』という言葉を思いつきました。聞きにいったことを咎《とが》められずに、なおかつ妹の殺害を回避できる、そういう言葉だっただろうと思うのですが、具体的には憶《おぼ》えていません。『いまから殺せ、ということなんですか？』というふうに聞けば、責任逃れをしたい松永は『そんなことをいっていない』と当然言うでしょうし、そうなれば一時的にも妹を殺さなくて済んで時間稼ぎになるので、そのような趣旨の言葉であったのは間違いありません」

しかし直後に、この計画は頓挫《とんざ》してしまう。電気コードを取りに行ったときには何の異常もなかった洗面所のドアが、急に開かなくなったのだ。純子がノブを回そうとしても動かないので、主也に代わり、力一杯回そうとしたが、やはり微動だにしなかった。

それについて純子は、「そのノブは以前から調子が悪く、何度かそんな状態になったので、そのときも故障したのだと思います」と語っている。そして、よりによってそのときに故障したことに対して、「天に見放されたような気持ち」になったという。洗面所に閉じ込められたまま、刻々と時間が過ぎていった。やがて純子の心に通電への恐怖が蘇《よみがえ》ってきて、一度は殺害回避に向かった思考の振り子も、ふたたび元に戻ってしまった。

「『きちんと殺し終わっていなければ通電の制裁を受ける』という強迫観念が襲ってきました。松永は、二、三時間で起きてきますので、その間に殺害しておかなければと思うようになりました。それに、たとえ一時的に殺害を回避できても、当然いつかは私どもが殺さなければいけませんし、時間が延びれば、その分ひどい虐待《ぎゃくたい》を受けている妹がつらい思いをするんじゃないかと、いま思えば言い訳ですけど、そう考えて妹を殺すことを自分で納得しました」

純子が長くて重い沈黙を破り、主也と彩に向かって「松永が起きてくるから、終わっておかないとひどい目に遭うし、理恵子も生きていたってつらいだけだし……」と切り出すと、主也が即座に「それだったら、自分がやります」と申し出た。純子はこの言葉を「殺すことに逆らえないなら、自分の手で殺したほうが理恵子のためだ」という悲壮な決意として受け止め、胸が詰まり、何も答えることはできなかった。うつむいて黙り込んでいる彩に向かって主也は、毅然《きぜん》とした口調で、「お父さんがお母さんの首を絞めるから、おまえは足を押さえて、最後のお別れをしなさい」と語りかけた。彩は顔をあげて父親を見つめ、小さく「うん」と頷《うなず》いた。

浴室のドアを静かに開けると、静美のときと同様、洗面台の電球の明かりが暗闇《くらやみ》に差し込み、洗い場で寝ている理恵子の姿がぼんやり見えた。頭を奥にして足をドアぎりぎりまで伸ばし、浴槽にくっつくように横になっている。

主也と彩はそっと入っていき、それぞれ顔の横、膝《ひざ》の横にしゃがみ込んだ。主也が首にコードをかけようとした瞬間、理恵子の目がぱっと開き、夫を凝視した。

「かずちゃん、私、死ぬと？」

そう呟《つぶや》く妻に、「理恵子、すまんな」と主也は答え、コードを首にかけて交差させ、力を込めて引っ張った。彩は膝に手を乗せて体重をかけるように足を押さえ込んだ。純子は浴室のドア付近から、その様子を静かに見つめていた。

「そのとき私は、主也さんにだけ実行行為をさせるのは申しわけないという気持ちと、疎外感《そがい》のようなものを感じました。主也さんが『自分がやります』といって、彩ちゃんに足をおさえる指示をしたとき、私はなんだか仲間はずれにされたという気持ちになりました。たしかに主也さんと彩ちゃんは理恵子の家族ですけど、私にとっても理恵子は妹です。たったひとりの妹です。それで、私も最後のお別れをしようと思って、ドアのところにしゃがんで妹の爪先《つまさき》を持ちました。そして『先に逝《い》って待ってて』と呟きました」

主也は静美のときのように確認を取らず、とっさにコードを緩めて手を放すと無言で立ち上がり、足早に浴室から出てきた。そして洗面所に立ち尽くしてすすり泣き、「とうとう自分の嫁さんまで殺してしまった」と呟いた。父親の背後に付いて出てきた彩は、対照的に涙を流さず、まるで感情を失ったかのように無表情だった。三人はしばらく呆然《ぼうぜん》としていたが、静美を殺したとき、松永が「亡《な》くなった人が迷わないように」と手を組ませるよう指示したことを彩が思い出し、ぽつりと、「お母さんの手を胸の前で組ませてあげなきゃ」と言った。主也は「ああ、そうだったね」と答え、彩をふたたび浴室内に入れて理恵子の手を胸の前で組ませた。

殺害終了の報告をしなければならなかったが、相変わらずノブが動かず、三人は一言の会話もない重苦しい雰囲気の中で、松永が洗面所にやって来るのをひたすら待つしかなかった。やがて足音が聞こえてきて、洗面所のドアの磨《す》りガラスにぼんやりと松永の姿が映った。

「『間に合って良かった』と思いました。松永が起きてくるまでに殺害が終わり、松永の指示を忠実に実行しておいて良かったという意味です」

どういうわけかノブは外側からは回り、松永が入ってきた。純子が一言だけ「終わりました」と報告すると、松永は怪訝《けげん》そうな表情を浮かべて浴室のドアを開け、理恵子の死体を目にした瞬間、「なんてことしたんだ！」と叫んだ。そしてまたじっくりと浴室内を見回してから、「なんてことしたんだ！」とふたたび叫んだ。

純子は松永の反応に愕然《がくぜん》として、「勘違いだったのかな……」と不安に駆られた。主也も「えっ⁉」と驚き、純子と顔を見合わせた。見るからに主也の表情が悲しげになっていくので、「主也さんに申しわけないことをした」と、純子は罪悪感にも駆られた。

松永は事細かに殺害の経緯の説明を求めてきて、「なんでこんなことしたんだ」「なんでやる前に聞きに来なかったんだ」「あんたたち、とんでもないことをしたね。呪《のろ》われるばい」と純子と主也を責めつづけた。「迷って聞きに行こうとしたのですけど、ドアが開かなかったんです」と純子が言うと、「そんなことだろうと思って、早めに目が覚めた」「おまえは運が悪いな」などと捲《まく》し立てた。

さすがにこのときばかりは、純子も癇《かん》に障《さわ》ったという。

「そのあたりになってくると、『しらじらしいな』と思って聞いていました。父も私が通電したときに亡くなったし、妹のときにも迷ったときにドアが開かなかったので、『おまえは運が悪い』と言っていると理解しましたが、『あんたが指示したから殺したんじゃない』という反抗心が湧《わ》いたことは憶えています。松永の指示が妹を殺すことであったのは百パーセント間違いないのに、責任逃れのためにいろんなことを言って、知らぬ存ぜぬを通すことに嫌悪《けんお》感を感じました。松永のいつものやり方ではありますが……」

しかし、その反抗心は言葉や態度に表すことがないまま、泡のように消え失《う》せてしまった。

その後、松永は解体についての話を始めた。相変わらず「おまえたちが勝手にやったことだろ。俺には関係ないから迷惑だ」「ここで解体されても困るよ」などと言うので、純子と主也が「すみません、お願いします」と何度も深々と頭をさげて、解体作業の許可を乞《こ》うた。

しかしそのくせ松永は、アドバイスも忘れなかった。胸の前で組ませていた理恵子の手を「すぐにほどけ」と命じている。殺害直後に解体を始めた静美のときと違い、理恵子殺害は夜中だったので翌朝まで道具を買いに行けなかった。死後何時間も経過すると硬直が起きて手が外れなくなり、解体するときに手間がかかると松永は瞬時に計算したのだった。

「できるだけ早く終わってね」

松永は最後に素っ気なく言い、借金という体裁で費用を渡して解体道具を購入させた。そしていざ作業が始まると、鬼のような形相で「急がないと通電するぞ！」と何度も恫喝《どうかつ》したり、実際に、作業がのろいという理由で三人に通電を加えた。

このとき、純子は唇に通電を受けた。松永に「どうせまた電気を通すんだから、片付けなくていい」と言われ、洗面所の床に通電道具を置いていた。主也に至っては、クリップを包帯でぐるぐる巻きにして二の腕に貼付《はりつ》けられ、コードは首に巻き付けられた状態で解体作業をしていた。監視に来た松永から「のろい！」と叱られると、主也は作業を中断して直立不動の姿勢を取り、ひたすら通電に耐えていた。

第六章　五人、六人、七人目

この浴室で一家は次々と殺され、解体された

緒方家のメンバーは、わずか一ヶ月半の間に、七人から四人になってしまった。

理恵子亡《な》き後、奴隷《どれい》ランクの最下位に落とされたのは、主也だった。

ある日、四人が監禁されていたマンションMの階下の住人がやってきて、「うちの前の通路で誰かが大量に小便をした。悪臭がひどい。足跡がこの部屋につながっていたから、あんた達だろ！」と苦情を言ってきた。応対した純子がとっさの判断で長男のせいにして、玄関で長男の頰を引っぱたき、親子で謝って許してもらった。しかしその報告を受けた松永は激怒し、主也と彩に通電しながら「おまえ達のどちらかがペットボトルの中身を捨てたんだろ！」と追及した。主也と彩は否定していたが、二、三日後に主也が「私がやりました」と認めた。

純子は法廷で、このときの主也の気持ちをこう代弁している。

「普段はペットボトルに小便をして、それを私がトイレに流していたんですけど、主也さんがしたかったときに、二、三本のペットボトルが一杯で、自分で捨てに行くしかない状況だったんだと思います。捨てる場所として、下の階の通路を選んだ理由はよくわかります。トイレに流せば、流す音で松永が目を覚まして叱《しか》られる。トイレに捨てれば『勝手に捨てた』と叱られる。外に捨てに行く間に、松永が目覚めて気づいたら、どんな制裁を受けるかわからない。なので、できるだけ危険な時間を短くしたいという心理が、そうさせたんだと思います」

しかしその行為は、松永にとって、主也への虐待《ぎゃくたい》を強める格好の理由になった。これ以降、主也はありとあらゆる身体《からだ》の部位にクリップを取り付けられ、陰部への通電も盛んに行われた。

もっとも、それ以前から陰部への通電は始まっていた。通電役は純子か、まだ生存中の理恵子だった。松永が「今から主也のチンチンに通してこい！」と言うと、主也、純子、理恵子は洗面所に連なって行き、主也は下半身のみ裸になり、直立不動の姿勢でペニスをだらんと晒《さら》した。そして純子か理恵子がペニスを持ってクリップを取り付け、松永から指示された回数だけ電気を通した。

主也はまったく文句を言わずに通電を耐え抜いていた。やけどを負ってペニスが水膨れになり、市販の消毒薬を塗って包帯で巻いたこともある。それでも松永の指示があると、傷だらけのペニスに通電した。

厳しい食事制限もあった。マンションMで暮らし始めた頃の主也の食事は、一日一回、マヨネーズのついた食パン八枚のみだったが、それも二ヶ月後には六枚に減らされた。「理恵ちゃんは女性だから六枚で、主也さんは男性だから八枚」という松永に、主也が「自分のほうが多いのに、同じ時間内（七分）に食べなければいけないのはおかしい」と文句を言ったため、「せっかく好意で多くしているのに、そんなこと言うのなら主也さんも六枚にしてください」と、松永が決定した。この頃の主也は、まだ松永に不平不満を述べていたようだ。

ときどきはコンビニ弁当が与えられた。松永はこの「御褒美《ごほうび》」を実に巧みに利用していた。主也の食パンの枚数を減らしたとき、「理恵ちゃんは時間内に食べ終えて偉かったね。御褒美にこれも食べさせてあげるよ」と、松永の食事としてまとめ買いしていたコンビニ弁当を与えている。こうした「アメ」と「ムチ」が繰り返されていくうち、主也は食事制限についても文句を言わなくなり、肥満気味だった身体は、急速に痩《や》せ細っていった。

中でも、食事内容がいちばん貧しかったのは解体作業中だった。与えられたのは、クッキー『ブルボン』の缶クッキー数枚。それも、解体後に骨を詰めて海に捨てるのに、クッ缶が必要ということで用意されたものだ。松永は、中身を捨てるのはもったいないから作業中の食べ物にするよう指示した。

主也に一回に与えられたクッキーは、約二十枚。主也は切断作業をしていたので、手が汚れてつまむことができず、純子たちが口に入れて、五分以内に食べさせていた。

時期によっては、コーラやジュースが頻繁に与えられた。これも、ミキサーで液状にした肉片や内臓をペットボトルに詰めるため、中身をあける必要があったからである。

理恵子殺害から約一ヶ月半後の平成十年三月下旬ごろ、ついに主也に異変が生じる。純子は法廷で、その様子をこう説明した。

「主也さんの体格は、ものすごく痩せていて、顔はげっそりと頰がこけて、目は落ちくぼんで、肌はカサカサ、足は肉が落ちて浮腫《むく》んでいました。太股《ふともも》とふくらはぎがほとんど同じ太さだったのを憶《おぼ》えています。ずっと立たされているので、脚が浮腫むのだろうと思っていました。やがて主也さんは、歩けなくなりました。松永の指示で複数の駐車場を借りていて、数時間ごとに車を移動させるのが主也さんの役目でしたが、いっしょに外出した彩ちゃんから『お父さんが歩けなくなって座り込んでいる』と電話がありました。ようやく帰ってきて、『きついのでちょっと横にならせてもらえませんか』と松永にお願いしていました。そのとき私は『なに弱音を吐いているんだろう』と腹立たしく思いましたが、いま考えれば、それまで弱音を吐かなかったのにそう言ったのですから、よほど身体がきつかったんだろうと思います」

またその頃、激しい嘔吐《おうと》が始まり、主也は彩と共に浴室に閉じ込められた。トイレの使用は許されず、スーパーのビニール袋に吐き、純子が吐瀉物《としゃぶつ》をトイレに流していた。

その頃は一日四枚の食パンが与えられていたが、吐き気で食べきれないと、松永は情け容赦なく通電を加えた。純子は松永の意図をこう解説する。

「松永の癖みたいなもので、病気だとわかっていても嫌がらせをするんです。病気を理由に規則が緩むことを狙《ねら》っていると懸念《けねん》して、『調子に乗るなよ』という意味だと思います。でもそのうちに、ほんとうに具合が悪いとわかったようで、それからは制裁がなかったと思います」

下痢がひどくなると、大人用オムツをはかせた。しかし、だからといって漏らしてはならず、主也が漏らすと、松永は「オムツがもったいない！」と怒って通電を加えた。

オムツについた大便を主也に食べさせたことも何度かあった。「今度は漏らしたうんこを食べさせろ」と純子に指示を出した松永は、食べさせる量や食べさせ方まで細かく指定した。純子はその通りに、大便を二、三個に分け、それぞれトイレットペーパーに包み込み、主也の口を大きく開けさせて一個ずつ押し込むと、コップを渡して水といっしょに飲み込ませた。

しかし四月に入ると、主也の症状はだんだんと良くなり、嘔吐や下痢も止まった。松永は早速、主也に運転を命じた。当時、大分県中津市に松永の愛人のひとりが住んでいたので、小倉―中津間の送迎をさせたのである。

中津へ行く四月七日、主也は無精髭《ぶしょうひげ》を剃《そ》るよう指示され、純子に付き添われて浴室から洗面所に移った。緩慢に歩き、洗面台にもたれるように立ち、鏡をぼんやり見ながらカミソリで剃り始めた。しかし松永から「大丈夫か？」と訊《き》かれると、「大丈夫です」と気丈に答えた。

主也の監視役として、純子もついていった。約二時間で中津に着くと、純子たちは、松永から連絡がくるまで、指示された飲食店で待っているように言われた。「次男を連れてきたのだから、子連れの夫婦として振る舞うように」「量の多いセットものを注文し、できるだけゆっくり食べて間を持たせるように」などと、事細かな指示もあった。

純子と主也は、それらの指示を忠実にこなした。どんぶりと小さなうどんが付いたセットを時間をかけて食べた二人が「そろそろ店の人が変に思うのでは」と不安になり始めたとき、松永から、「もう少しかかるから、また何か注文しろ」と電話があった。主也はセットものを平らげたことに調子づいたのか、二回目はメンチカツを注文し、ふたたび残さずに食べた。

その後、松永と店の駐車場で合流し、深夜に小倉に戻った。松永から就寝の許可が出たので主也は浴室に入り、彩といっしょにプラスチック製の簀《す》の子《こ》のうえで眠った。

翌日の早朝、いつものように主也と彩の様子を監視するために純子が浴室を覗《のぞ》くと、主也は身体を丸めて横たわっていた。朝の監視のときには立っていなければならなかったのに、である。純子の気配を感じたらしく、主也は少し上体をあげたが、またぐったりと横になった。

その横で突っ立っている彩が「お父さんがたくさん吐きました」と、スーパーのビニール袋を二、三個差し出した。純子は驚いて「大丈夫ね？」と訊いたが、主也は何も答えなかった。

報告を受けた松永が浴室に来て、吐いたときの様子を彩に説明させ、純子にも前日に主也が何を食べたのか訊いた。そして「欲張って油物なんて食べるから、具合が悪くなるんだ！」といきり立ったが、そのときは主也に制裁を加えず、胃腸薬を飲ませるよう指示した。

しかし薬を飲んでから約三十分後、主也はふたたび吐いた。「しばらく胃腸を休ませたほうがいい」と松永は主也の絶食を命じ、水道水を入れたペットボトルを浴室に置いて、「脱水症状にならないよう、なるべく水を飲ませろ」と彩に指示した。主也は与えられるままに水をごくごく飲んだが、三十分ほどすると、またもどした。翌九日にも三回胃腸薬を与えたが、いずれも吐いてしまった。一日中、何度も嘔吐を繰りかえす状態がつづいた。

翌十日、主也の症状はさらに悪化した。前日までは、吐くときには上半身を起こしていたが、顔しか上げられなくなり、彩が顔の横にビニール袋を持っていった。松永は「そんなに吐くんだったら、薬がもったいないから与えなくていい」と胃腸薬の服用をやめさせた。その後も、与えられた食パンや『リポビタンD』を、主也は自ら断った。松永の指示を拒否すれば制裁は必至だが、このときはさすがの松永も「無理して食べさせないほうがいいだろう」と許したという。主也は顔面蒼白《そうはく》で声は弱々しく、顔さえも上げずに横になったままだった。吐いてもすぐに吐き気を催し、吐く物がないのにゲイゲイとむせている状態が一日中つづいた。

純子は主也の症状について、こう語っている。

「中津に行くまでは一進一退の状態でしたが、下痢や嘔吐もおさまっていたので、中津に行った翌朝に吐いたときも楽観視していました。でも翌日には、病院に連れていかない場合の死の危険を感じました。そして日を追うごとに悪化したので、十一日頃には『病院に連れていかなければ死んでしまう』と確信しました。でも当時の私は、母のときに病院という言葉を松永に否定されたので、主也さんを病院に連れて行こうとは考えなかったですし、主也さんが亡くなるのであればそれも仕方ない、と思っていました」

この証言は、極めて重要な意味を帯びている。主也に対する殺意を、純子自身が認めたことになるからである。

法律上、殺人罪が成立するには、殺意を抱いていたことが認定されなければならない。殺意には、前述した「確定的殺意」の他に「未必の殺意」がある。簡潔に言えば、前者は「かならず殺してやる」という積極的な殺意で、後者は「もしかしたら死んでしまうかもしれないが、仕方がない」という消極的な殺意だ。しかし、後者でも認定されれば十分に殺人罪は成立する。

さまざまな制裁や制限を課して身体を弱らせ、やがて死に至らせたという点で、主也の事件は清志事件と似ている。しかし純子は、清志については未必の殺意も否定しているが、主也の件では全面的に認めた。清志の死を経験したからこそ、主也の先行きが予見でき、ある時点から「このままでは清志さんの二の舞になる」と確信したのであろう。

四月十三日、主也にちょっとした変化があった。松永から与えられた『オールP』という眠気防止ドリンクを全部飲み、続いて五百ml入りの缶ビールも飲みほしたのだ。この場面を純子は目撃していないので、主也が自ら飲んだのか強引に飲まされたのかは分からない。松永は缶を振りながら和室に戻ってくるなり、「おい、ビールも全部飲んだぞ」と嬉《うれ》しそうに言ったり、「水やリポビタンDのときには吐くのに、（値段が高い）オールPやビールは吐かんのやけんな」と皮肉を言っていたという。

このとき浴室にビールを運んだのは恭子だった。「主也さんの様子を見に行った松永に『ビールを持ってきてくれ』と言われました」と、恭子自身が法廷で語っている。彼女も主也がビールを飲んだ場面は目撃していないが、「あとで松永は『死ぬと思ったけん、最後にビールを飲ませてやった』と言っていました」と証言し、松永が主也の死を想定していたことを暴露した。さらに恭子は、「やがて風呂場《ふろば》から物音が全く聞こえなくなりました。そのとき松永は『もう死んでいるんやないか』というような事を言っていました」とも証言している。

この松永の予感は的中した。ビールを飲ませてから約一時間後、純子が浴室に行くと、主也はドアの方に頭を向けて横たわり、腹を抱えるように丸くなっていた。顔は蒼白、深く眠っているように穏やかだった。浴室の端で茫然《ぼうぜん》と立ち尽くしている彩が、「お父さんが死んだみたいです」と呟《つぶや》いた。彩の顔は能面のように無表情だった。

報告を受けた松永は浴室に行き、「もう死んでるやんね！　何で呼ばんかね！」と彩を叱りつけ、いつごろ、どのように死んだのか訊問《じんもん》した。彩の話では、ビールを飲んでから三十分から一時間後に息をしなくなったということだった。

「オールPがいかんやったかなあ。でもビールも飲んだから本望だろう」と松永は独り呟き、すぐに純子と彩に解体作業を命じた。作業中は、松永の指示で芳香剤を使用し、腹を裂いた途端に臭《にお》い立った腐敗臭のような強烈な悪臭を、ラベンダーの香りで和らげた。

二人による作業は難航した。松永はトイレに行くたびに浴室を覗き、ふらふらになって作業している二人を急《せ》かし、みじん切りにした断片が大きすぎると怒ったりした。

主也の死後、松永と純子を除けば、残されたのは子供ばかりだった。このうち松永たちの息子二人と世話係の恭子は相変わらず優遇されていたが、彩と優貴はますます悲惨な境遇に追い込まれていった。

もともと松永が彩と優貴をアジトに引き止めたのは、緒方一家、特に主也を思いどおりに操るための人質にするのが目的であり、今となっては、存在意義はない。それどころか、二人は様々な犯罪の証言者にもなり得る。純子によれば、優貴は一度も通電されず、虐待《ぎゃくたい》や殺害、遺体の解体中はアコーディオンカーテンで仕切られた玄関に立たされていたので、何も目撃していない。しかし、彩はすべてを知っており、松永に「危険な存在」と見られていた。

そして、純子が二人を主也の実家に帰そうと提案すると、「彩が余計なことをしゃべったらどうするんだ」「彩がなにも言わなくても、親戚《しんせき》がいろいろ問い質《ただ》すはずだ。それで不審に思われたら逆効果になる」と否定した。かといって、手元に置いて面倒を見るという提案にも、「食費などで金がかかる」と一蹴《いっしゅう》した。

このとき純子は、こう考えていた。

「彩ちゃんや優貴くんはおとなしくて利発な子だったので、いっしょに生活するうえで松永に迷惑をかけることはないと思い、松永を説得する良い方法はないかと考えました。たしかに生活費で負担がかかるので、私が捻出《ねんしゅつ》すれば、彩ちゃんや優貴くんは助かるだろうと思い、お金をつくると松永に告げました。親戚や昔の知人のなかでも疎遠《そえん》だった人、あまり私の状況を知らない人にお金を貸してもらおうという考えでした」

しかし、数人に連絡を取ったものの、誰一人として相手にしてくれなかった。松永には「金ができないのはわかっていて、言い逃れしている」と責められ、純子は発言しづらくなった。

そして主也の死後一ヶ月ほど経《た》ったとき、ついに松永はこう本音を打ち明けた。

「彩は自分でも罪を犯しているから言わないかもしれないけど、優貴は罪になることはしていない。彩が優貴にいままでの経緯を告げたら、優貴は将来、形はどうであれ、(自分たちの)子供を脅したり復讐《ふくしゅう》するかもしれない。彩か優貴のどちらかを生かすためには、どちらかを殺さなければいけない」

このとき松永は、「子供に情けをかけて殺さなかったばかりに、将来その子供から復讐された話もある」と、唐突に源平の物語、源義経《よしつね》が平家から見逃され、後に復讐に成功するという逸話を引き合いに出し、「そうならないために早めに口封じをしなければならない」と結論づけた。

この話を聞いて純子は、優貴の殺害を指示しているのだと思ったが、反発をするどころか、あっさりと「そうするしかないでしょうね」と承認した。その理由については、「松永に反論する言葉を持っていなかったからです。優貴くんを助ける方法ではなく、優貴くんの殺害を自分自身に納得させることにしか頭が働きませんでした」と法廷で打ち明けている。

「両親も祖父母もこの世にいないですし、学校にも行かれませんし、食事も満足に食べられませんし、今こそないけど、のちのち通電が始まるのは明白だし……と考えていたら、生きていても可哀想《かわいそう》だと思いました。そして、松永に迷惑をかけられないというのが、もっとも大きな理由でした。子供たちが将来、優貴くんから復讐を受けるかもしれない、という松永の話を真に受けて殺害を決意したのではありません」

優貴殺害に賛同する純子の言葉を受けると、松永は純子に命じて浴室にいる彩を連れてこさせ、次々に質問を浴びせた。

「これからどうするね？」

「優貴とふたりでお父さんの実家に帰ります」

「帰ったらいろいろ聞かれるけど、どうするね？」

「何も言いません」

「彩ちゃんは言わないかもしれないけど、優貴くんは大丈夫なの？　優貴くんは、おじいちゃん、おばあちゃん、お母さん、お父さんが死んだことを何も知らないから、帰しても害はないという楽観的な見方もあるけど、知らないからこそ正直に答えてしまうと思うよ。優貴くんが何も言わないという責任を彩ちゃんは持てるの？」

「何も言わせません」

「彩ちゃんがそう言っても、もし優貴くんが何か言って、それをきっかけにして警察が動いたら、彩ちゃんも犯罪をおかしているんだから、警察に捕まってしまうよ。それでも彩ちゃんはいいの？」

「……」

「俺にとっても警察に捕まるという不利益が生じるんだよ。その責任を彩ちゃんは持てるの？」

「……」

「優貴くんだって、お父さんとお母さんがいないし、生きていてもつらいだけだし、お母さんになついていたんだから、お母さんのところに帰してあげたほうがいいんじゃないかな？」

「……」

「もし彩ちゃんがお父さんの実家に帰りたかったら、優貴くんを殺したほうがいいんじゃないかな？」

「……」

この会話を側《そば》で聞いていた純子は、法廷でこう語っている。

「松永はひとつひとつ細かいことを聞いて、彩ちゃんに答えを求め、その答えにさらに質問をぶつけ、追い込んでいきました。『俺や彩ちゃん自身に不利益が生じる。その責任を持てるのか』という言葉が、駄目押しのように効きました。彩ちゃんは何も言わなかった、というより、言えなかったと思います。最後に優貴くんの殺害を決意して、『そうします』と答えました」

五月十七日、優貴を浴室に閉じ込めた後、松永、純子、彩の三人は台所で、殺害方法を話し合った。「私がひとりで絞めます」と純子が言うと、「駄目だ。彩とふたりで絞めろ」と松永は言い張り、「両方から引っ張れ。ぐったりしても念を入れて、なるべく長時間引っ張るんだぞ。そして、かならず心音で死亡の確認をしろ。死体はすぐに風呂場に持っていけ」と、極めて具体的な指示を出した。

純子と彩は「わかりました」と答え、電気コードの使用許可を求めた。松永は「よし、使ってもいいぞ」と許可を与えると「じゃあ、そろそろやれ」と言い残して和室に入っていった。

彩は優貴を浴室から台所に連れてきて、松永が描いたシナリオ通りに、「優貴、お母さんに会いたいね」と優しく話しかけた。優貴は嬉しそうに「うん」と頷《うなず》いた。

「じゃあ、優貴、ここに寝なさい」と、彩は台所の床を指差した。優貴は素直に寝て、目を開けたまま仰向けになった。彩が優貴の左肩、純子が右肩のあたりにしゃがみ込んだ。そして和室から出てきた恭子が、優貴の足首のあたりにしゃがみ込んだ。恭子は松永から手伝うよう命じられ、初めて殺害行為に加わったのだった。

彩が「お母さんのところに連れていってあげるね」と言いながら、優貴の首の下に電気コードを通した。優貴はコードを見て不思議そうな顔をしたが、そのままおとなしく寝ていた。彩がコードの先端部を手にしたと同時に、純子も片側の先端部を持ち、首の上でコードを交差させて先端部を交換した。

「急がなければ、と思いました。優貴くんに不安な時間をなるべく与えないようにするのと、早く終わらせたかったからです」と、その時の心境を純子は振り返る。

即座に両側からコードを引っ張った。優貴は「うっ」と声をあげて、脚をばたつかせた。純子と彩は身体《からだ》ごと優貴から離れていくように首を絞めていき、恭子は体全体で覆《おお》い被《かぶ》さるようにして両膝《りょうひざ》を押さえつけた。しばらくして優貴は動かなくなったが、充分絞めるように、という指示を守り、純子たちは引っ張るのを止《や》めなかった。

ようやく力を抜いてコードを手放すと、息つく間もなく死亡確認をした。優貴のシャツをめくり、純子が心臓のあたりに触れて「止まっていると思うけど……」と曖昧《あいまい》に言うと、彩は耳を心臓のあたりにつけて、「動いていません」ときっぱり答えた。

純子も引き続き耳をつけ、心音が聴こえないことを再確認した。

台所に優貴の遺体を置いたまま、純子と彩は和室にいた松永に、終了したことを報告した。「なんで風呂場にもっていかないんだ！」と激怒され、二人は急いで遺体を浴室に運んだ。

松永は、「ほんとうに死んでるのか？」と念を押したり、「首の真ん中あたりを絞めたんでは時間ばかりかかる。首の上のあたりを絞めなければいけない」と説教したりした。「恭子ちゃんに足を押さえてもらって良かったです」と純子が言うと、「ほーら、言った通りだろ」と得意げな表情を浮かべた。

純子が解体道具を買いに行くとき、松永は理由を告げずに「多めに買ってこい」と命じた。優貴を解体した後も新品の道具があまり、松永の指示ですべて保管された。

ここまでは、純子の証言に基づいた話だ。しかし恭子の証言では、微妙に異なっている。

純子に「足を押さえる役目を果たした」と証言された恭子だが、本人がそれを法廷で認めるのかどうかが注目された。当時の恭子の境遇や年齢を考えれば、犯罪として裁かれることはないが、足を押さえるのは、殺人行為への協力である。これまで「目撃者」という立場から証言を続けてきた恭子が「当事者（加害者）」として証言するだろうか、とたんに口をつぐんでしまうのではないか、と予想する記者も少なくなかった。

しかし、恭子は検察官から「あなたは、優貴くんが殺されるときに、手伝いをしましたか?」と尋ねられ、「はい。足を押さえました」と淡々と認めた。そして恭子が語り始めた優貴の殺害場面は、これまでになく、純子の証言との相違が目立つかたちとなった。

「ある晩、台所で松永が彩ちゃんに『おまえの弟やけん、おまえが首を絞めなきゃいけない』と言っていました。そのとき私も彩ちゃんの側にいました。私は松永から『おまえもいっしょに足を押さえろ』と指示を受けました。優貴くんが殺される、殺すのを手伝わされる、と思って怖かったです。

そのあと、私と彩ちゃんは風呂場に向かいました。洗面台の鏡の蛍光灯がついていて、その光が風呂場に漏れていました。優貴くんは風呂場で仰向けに寝かされていました。目を閉じていました。白いランニングシャツと白いブリーフ姿でした。

私は洗面所から風呂場のほうに体を出してしゃがみ込み、優貴くんの両足首を両手で押さえつけました。緒方は優貴くんの両手首を押さえつけていて、彩ちゃんは優貴くんの首を帯のようなひもで絞めはじめました。彩ちゃんが私の方に体を寄せてきたのので窮屈になって、私は手を離しました。緒方から『ちゃんと足を持たんね』と叱《しか》られました。

優貴くんは泣いたり叫んだりしませんでした。小便や大便を漏らしたり、痙攣《けいれん》を起こすようなこともありませんでした。足をバタバタすることは少しはあったかもしれません。緒方に『もういいよ』と言われて、私は手を離しました」

つまり恭子の証言では、優貴が殺害された場所は台所でなく浴室であり、彩一人で首を絞め、純子は手首を押さえていたというのだ。純子は、彩と二人で左右から首を絞めたと語っている。おそらくこの場合は、絞め殺したことを全面的に認めている純子の記憶のほうが正確であろう。逆に、突然殺害を手伝わされた少女の記憶が混乱していても、全く不思議ではない。

優貴の死体を解体した後、「もうこれ以上、身内を殺さないで済む。彩ちゃんは助かる」と純子は思った。「彩ちゃんを生かしたいのなら、優貴くんを殺さないといけない」という松永の言葉を信じていたのである。

松永は連日、彩を台所に立たせて腕や顔面にクリップを取り付け、断続的に電気を流しながら「これまでのことを告げ口するんじゃないのか！」と追及した。彩は必死になって「何も言いません」と訴えつづけた。この様子を見た純子は、彩を主也の実家に帰すために、余計なことをいっさい言わないよう教育していると思い込んでいた。

このときの彩の様子を、恭子も、思い出話も含め詳しく証言している。

基本的に緒方家の人間とは親しくしなかった恭子だが、三歳年下の彩は別だった。小倉の夏祭りに初めて彩がやって来て、いっしょに寝泊まりしてから、友達のように打ち解けたという。

「いっしょに掃除をしているときに、彩ちゃんがSPEEDの『Wake Me Up!』を歌っていて『歌いながらすれば楽しくなるじゃん』と言っていました。マンションに来た頃は、彩ちゃんと優貴くんはテレビを観《み》たりCDを聞いたりするのが許されていました。みんなでいっしょに和室で寝ていました」

ちなみに恭子は、GLAYの大ファンであるという。彩といっしょにSPEEDやGLAYのヒット曲を歌ったり、人気テレビ番組を観たりしていた時間は、父親を殺された苦しみを少しでも忘れられるひと時だったのだろう。

しかしやがて、二人の仲も引き裂かれる。台所か浴室で立たされている彩と、和室で子守りをしている恭子は、ほとんど接触することはなくなった。そして、ふたたびいっしょに過ごすようになったのは、優貴の解体終了後であった。松永は突然、なんの理由も告げずに「もう甘くしない」と恭子を叱りつけ、和室から追い出し、台所で彩と寝るよう指示したのである。

恭子はこう証言する。

「私は寝るときにはブラジャーとパンツだけで、彩ちゃんは上は裸で下はオムツをはかされていました。布団《ふとん》は与えられませんでした。彩ちゃんは、寝るときに手足をひもで縛られていました。松永から、彩ちゃんがトイレに行きたくなったら連れていくように言われていました。彩ちゃんが『行きたい』と言ったけど、眠たくて連れて行かなかったから、彩ちゃんがお漏らしをして、松永から怒られたことがあって、今でも彩ちゃんに申しわけなく思っています」

二人は台所でいっしょに通電されるようにもなった。

「私よりも彩ちゃんのほうがひどかったです。毎日電気を通されていて、立たされて陰部に通されたり、しゃがんだ姿勢で太股《ふともも》の内側に通されたりしていました。理由は、ねかぶった（居眠りをした）とか、しかぶった（お漏らしをした）とか、返事せんかったとか……」

また純子の話では、彩への通電がひどくなると同時に、松永は彩を洗面所に連れ込み、ドアを閉め切って、二人で何かをひそひそと話すようにもなったという。次第にその回数と時間が増え、ほぼ毎日、一日二、三回、毎回一時間以上も洗面所にこもるようになった。純子は同席したことはなく、小声なので会話も聴こえず、内容も教えてもらえなかったが、「主也さんの実家に帰るための打ち合わせで、細かな注意事項を教えているのかな」と推測していたという。

しかしあることをきっかけに、まったく正反対の松永の意図を感じ取ることになった。松永は彩の食事を極端に減らすよう指示したのだ。

彩はその頃、一日に四枚の食パンしか与えられず、すでにガリガリに痩《や》せ細っていた。当時二歳になる次男のオムツ（Lサイズ）を目いっぱいに引き伸ばせば、骨張った臀部《でんぶ》にフィットするほどだった。しかしそれでもなお松永は「今日から一、二枚にしろ」と言い出し、純子から理由を尋ねられると、「太っていたら大変だろ」とだけ答えた。

「その言葉を聞いた瞬間、『解体のときのことを指しているんだろうな』と思いました。母のときには脂肪が多くて大変だったという経験があったので、すぐにそう思いました。優貴くんの解体のときに道具を多めに買ったのも、彩ちゃんの解体の準備だったんだと、ようやく気づきました」と、純子は法廷で当時の心境を語った。

そして、彩に対する過激な通電や洗面所での話し合いが「教育」などではなく、彩の殺害を念頭に置いた行為なのではないかと疑い始めた。

「松永は彩ちゃんが自ら死を選ぶように誘導していると思うようになりました。通電は顔面がいちばん多く、思考能力を失わせる目的だったのではないかと思います。顔面への通電で私も判断力を失い、何も考えられなくなったことがあります。生きているのが嫌になり、生きていたいという意欲が削《そ》がれました。彩ちゃんをそういう状態にしてから、巧みな話術で『死にたい』と思わせているんではないかと思いました。彩ちゃんは祖父母や両親や弟を次々に殺害して解体していったのですから、絶望するには充分だったと思います」

純子の疑念は的中した。

食パンの枚数を減らし始めて数日後、彩との話し合いを終えて洗面所から出てきた松永が、純子に向かって唐突に、「彩ちゃんもそうすると言っているから」と告げた。純子が意味を理解しかねていると、松永は彩のほうを向き、「なあ、そうだろ?」と同意を求めた。彩は俯《うつむ》いてしばらく黙り込んだ後、視線を床に落としたまま小さく頷いた。

それから、松永は彩を浴室に閉じ込め、純子に「彩も『死にたい』と言っている」と念を押した。純子が「殺すんですか?」と聞き返すと、「いや、まだわからん」と答えた。

「彩ちゃんは本当に死にたくて、本心から『死にたい』と伝えたのだと思い込みました。私自身が『早く殺してくれないかな。死んだらどんなに楽だろう』と思っていましたから、彩ちゃんも同じだと思ったんです。死にたいと思うのは無理もないし、生きていてもつらいだけだし、彩ちゃんがそう言うのなら仕方ないと思い、殺すのは止めようとは言いませんでした」

恭子も、この時期に松永が彩への殺意をほのめかす発言をしていたことを覚えていた。

「松永は『あいつは口を割りそうなので、処分せんといかん』と緒方に言っていました。彩ちゃんだけがその場にいなかったので、『あいつ』とは彩ちゃんを指していると気づきました。『口を割る』とは、緒方の家族が殺されたという秘密をばらすことだと思いました。『処分する』とは、『殺す』という意味だと思いました。私は『死体を解体するのを手伝わされる。嫌だ、怖い』と思いました。彩ちゃんが殺されれば、緒方しかいないので、自分が手伝わないといけないと思ったんです。それから数日後に、松永は緒方に『あいつは死ぬけん、食べさせんでいい』とも言っていました」

平成十年六月七日、優貴の殺害から三週間ほど経《た》ったとき、松永は彩殺害を決断した。台所で純子と恭子に「両方から引っぱれ。今からやれ」と指示を出し、和室に入っていった。

純子が電気コードを用意して浴室に行き、彩を連れ出そうとすると、すべてを承知していた彩は無言のまま、自分から台所まで歩いていき、優貴が亡《な》くなった場所に仰向けに寝転んだ。純子と恭子が両肩あたりにしゃがみ込み、首の下にコードを通そうとすると、彩はわざわざ頭を少し持ちあげてコードを通しやすくした。コードの先端部が首のうえで交差すると、彩は静かに目を閉じた。純子は両手でコードを握りしめ恭子に目線を送り、二人は身体全体でコードを引っ張りはじめた。ぐいぐいと細い首が絞められていったが、恭子の力が弱かったので徐々に彩の頭が純子のほうにずれてきた。

「ちゃんと引っ張らんね！」

純子がそう叱ると、恭子は顔を紅潮させて目一杯に引っぱった。彩の頭はずれなくなり、まるで綱引きのような様相になった。

純子は証言の最後をこう締めくくった。

「コードを引っ張りつづけながら、私は彩ちゃんの表情を見ました。目をつぶって、眠ったように見えました。それでも止めませんでした。優貴くんのときに、充分すぎるほど引っ張れと言われていたので、さらに引っ張りました。彩ちゃんはぜんぜん暴れませんでした。失禁もありませんでした。彩ちゃんはもともと色白なんですけど、そのときも色が白くてきれいな顔をしていました。死亡は確認していません。なぜかはわかりません。充分すぎるほど首を絞めたんで、大丈夫だろうと思ったからでしょうか」

力を緩めてコードから手を放すと、すぐに二人で遺体を浴室に運んだ。松永の指示はなかったが、優貴の遺体を浴室へ移さなかったと叱られたので、同じ過《あやま》ちは二度と犯さなかった。

遺体を浴室に置いてから純子が松永に報告へ行った。「そうか」と松永はうなずき、「いまからマンションVに移るから、荷物を用意しろ」と指示を出した。

純子と恭子は急いで荷造りを終え、松永と共に長男、次男、恭子がVに移動した。

その理由を純子は、「蒸し暑い時期だったので、松永は遺体解体中の臭《にお》いがひどいと予想したのだろうと思います。そして、少しは罪の意識があって解体作業を見たくなかったからではないでしょうか」と推測した。

松永の指示でマンションMにひとりで残った純子は、早速、台所の天井にシートをぶら下げて仕切りを設け、浴室の窓に黒いビニールを貼《は》り、保管していた道具を取り出して解体作業の準備を始めた。まもなく恭子が死体解体を手伝うために戻ってきたので、「恭子ちゃんがいま着きました」と松永に報告の電話を入れた。

「いまどういう状況なんだ？」

「解体前の準備をしています」

「それよりも先に彩の首を切れ！」

「……」

「とにかく先に首を切ってしまえ！」

松永があまりに焦《あせ》っている様子なので、純子は驚いた。解体するにあたり、まず最初に首を切断して血抜きをするのは既定路線であり、あえて松永が指示を出すことではない。「私はそこに別な意味を感じ取りました。『息を吹き返さないように』という意味で、それだけ松永は怖がっているように思いました」と純子は語っている。

もうひとりの実行役であった恭子は、どのような証言をしたのだろうか。

記者の間では、「今度こそ口が重くなり、何も話さなくなるだろう」という観測が広がった。優貴のときは足首を押さえただけだったが、彩のときは首を絞めている。わずか十九歳の少女が、生々しい殺害場面を公然と語れるとは考えにくい。

しかし傍聴していた者は、恭子の精神力の強さに、またしても驚かされた。彼女は少しも言い淀《よど》まずに、「彩ちゃんの首を絞めるのを緒方といっしょにしました」と全面的に認めたのだ。

ところがここでも、純子の証言と、かなりの違いが出てきた。まず第一に、恭子は、彩は松永と純子による通電で電撃死したと言ったのである。

「彩ちゃんが殺された日、私はマンションVに移動するために荷造りをしていました。そのとき台所から『電気の準備をしろ』という松永の声が聴こえてきました。私は荷物を運ぶときなどに、彩ちゃんへの通電場面を見ました。彩ちゃんは簀《す》の子《こ》の上に全裸で仰向けに寝かされて、手足をひもで縛られていました。松永は彩ちゃんの足元の椅子《いす》に座っていて、緒方はアコーディオンカーテンの側《そば》に立っていました。松永が『太股につけろ』と言って緒方がクリップを太股の外側と内側に取り付けて、松永が電気を通しました。彩ちゃんは体を痙攣《けいれん》させませんでした。声はあげていませんが、ヒクヒクとしゃっくりをする感じで音を出していました。

彩ちゃんはずっと、ヒクヒクと泣きつづけていました。そして三十分後くらいに、声が聴こえなくなりました。台所を通るときに様子を見ると、彩ちゃんは目を閉じていました。身体《からだ》はぜんぜん動いていませんでした。私は『死んじゃったかもしれない』と思いました。松永は緒方に『おまえが逃げたけん、全員殺さないかんことなった』と言っていました」

彩の殺害後、純子を除いて全員がマンションMからVへ移動し、恭子が再びMに戻ったという点では、二人の証言は一致している。しかしその後がまた、異なるのである。

「恭子ちゃんはすぐに死体解体を手伝った」と言う純子に対し、恭子本人は「彩ちゃんの首を絞めるのを手伝わされた」と語ったのだ。つまり恭子は、彩の首を絞めたと認めはしたものの、生きている彩ではなく、すでに通電によって殺されている彩の首を絞めたという。

「マンションVに出発する前、松永は緒方に『息を吹き返すかもしれんけ、見とけよ』と言ってました。そして私に『あんたも逃げたら一家全滅になるよ』と言いました。逃げたら自分も殺されるし、じいちゃんもばあちゃんも殺されるし、逃げられんなと思いました。

外に出たときは暗かったです。タクシーで五分くらいでVに到着すると、すぐに松永からマンションMに戻れと言われて、走って戻りました。今から解体を手伝わされると思って、怖かったし、嫌でした。

緒方が鍵《かぎ》をあけて私は部屋に入りました。彩ちゃんの上の豆電球がついているだけで薄暗かったです。彩ちゃんは通電されたときと同じ場所で、簀の子に仰向けに寝かされていました。顔には白い布がかけてありました。首にはひもが巻かれていました。彩ちゃんの右肩あたりに立っていた緒方が『あんた、そっちに行って』と言って、私は彩ちゃんの左側に立たされました。それから『そっちを引っ張って』と、彩ちゃんの首に巻かれている紐《ひも》を引っ張るよう言われました。私は怖くて身体が震えました。でも逆らったらひどい目に遭うので、従いました。従わないと殺されるかもしれないし、電気も怖かったからです。

私はお尻《しり》をつけずにしゃがんで両手でひもを握り締めました。緒方から『彩ちゃんの顔にかけたタオルを片足で踏んで外れないようにして』と言われました。それから私と緒方は、彩ちゃんの首を絞めました。どの位の時間絞めたかはあまり覚えていませんが、長く感じました。首を絞めている間に彩ちゃんは身動きしなかったし、声も上げませんでした。緒方が力を緩めたので、私も緩めました。彩ちゃんの表情は眠っているようでした。緒方は彩ちゃんの顔の上にかかっているタオルを外しました。緒方は彩ちゃんの顔色は普通よりちょっと青白い感じでした。その後に彩ちゃんの死体を風呂場《ふろば》に運び、解体を始めました」

なぜ恭子と純子の証言がこれほど異なるのかは、まったく不明である。

「恭子は、生きている彩の首を絞めたと言えば殺人になるので、死んでいる彩の首を絞めたと嘘《うそ》をついている」と話す傍聴人もいたが、実際に聞いた恭子の証言には、具体性や迫真性が感じられ、作り話であるとは考えにくかった。しかし同じように、純子の証言も虚偽とは思えない。どちらかの記憶が混乱しているのだろうが、信憑性《しんぴょう》については甲乙つけがたいのである。二人とも検察官や弁護人から「記憶に間違いはないか？」と再三問い質《ただ》されたが、まったく動じることなく、「間違いありません」と決して訂正しなかった。

解体作業の場面に入ると、二人の証言は再び合致した。

松永は、作業中に一度もマンションMには戻らず、彩の遺体を一目も見なかったが、盛んに電話をかけてきた。あまりに頻繁にくるので、純子と恭子は携帯電話を浴室の壁にかけておいた。「とにかく急げ！」「急がないと死体が腐るぞ！」と急《せ》かせたかと思えば、恭子に対して「独りで子供の面倒を見るのはきつい」と愚痴をこぼしたり、純子に対して「なぜ俺が子供の面倒を見ないといけないんだ。おまえの子供だろ！」と怒鳴ったりもした。焦燥感に駆られ、情緒不安定になっているようだった。

解体に使った道具の処分についても、松永はそれまで以上に細かな指示を出した。誰かが拾って使わないように、バケツは取っ手を外して捨て、鍋《なべ》は踏みつぶし、捨てた道具にわざわざ醤油《しょうゆ》をかけたりもした。

服部清志、緒方譽、緒方静美、緒方理恵子、緒方主也、緒方優貴、緒方彩――こうして計七名の殺害と解体が終了した。

その後も松永たち五人は、マンションMとVを行ったり来たりの生活を続けた。しかし、譽たちから搾《しぼ》り取った資金が底をつくのも時間の問題だ。そこで松永は新たな金主の獲得に向けて動きはじめ、翌年の夏には双子の男児をもつ三十代の専業主婦に的を絞った。夫との不仲に悩んで離婚を考えている点が、第四の金主であった宮田貴子と、まったく同じであった。そしてまた松永は、彼女の悩みを聞きだし、離婚して自分と一緒になるように迫った。家出をさせ、新たに借りたアパートに住まわせたのも、貴子のときと同様の手口である。

しかし松永はどういうわけか、この女性に対しては通電などの虐待《ぎゃくたい》を加えなかった。純子を「逃がし屋」と紹介し、夫から身を隠すのに必要な金を要求する、詐欺《さぎ》行為のみをつづけたのである。その女性は資金が調達できなくなると、ピンサロ店で働いて純子に支払いを続けた。

「旦那《だんな》さんが雇った探偵がお子さんを捜しています」「旦那さんの狙《ねら》いは子供だから、

子供だけでも隠したほうがいいですよ」「毎月の養育費を払ってくれるなら子供を預かってもいいですよ。そのほうが安心して働けるでしょう」――こうした純子の言葉を信じ、女性は小倉北区内にアパートを借りて子供たちの隠れ家にした。松永はそこに自分の二人の子供も同居させ、恭子に世話をさせた。検察の調べでは、主に純子を通してこの女性から詐取した金額は、約二年半で三千三百万円あまりに上っている。

しかし、この生活も終わりを迎えた。

中学卒業後、家事や子守りに専念させられていた恭子は、平成十四年一月、松永から激しい暴行を受けたあと、「このままでは殺されてしまう」と確信し、祖父母宅に逃げ込んだ。これが第一章の冒頭で述べた、第一回目の逃走である。

日頃から何かにつけて「今まで育ててやった費用を返せ！」と恫喝《どうかつ》されていた恭子は、お金を返せば解放してくれると思い込んでいた。そこで伯母に預金通帳を作ってもらい、通帳と印鑑を「通帳にお金を入れます。こんなことしてごめんなさい」という自筆メモと共にマンションVの郵便受けに入れに行った。毎月松永に振り込みをしようと、本気で考えていたのだ。

しかし前述したように、松永は祖父母宅から恭子を連れ戻した。そしてその後はVに監禁し、凄惨《せいさん》な虐待を加えた。「父親の清志を殺害した」という内容の事実関係証明書を書かせ、「今度逃げれば、証明書を祖父母に渡す」と脅迫した。さらに、「今度逃げたら、お父さんのところに連れて行く。簡単なことなんぞ」「逃げても探偵を使って捜し出す。ヤクザに頼んでもいい。見つけたらぶち殺す」「あんたは子供を放ったらかしにして逃げたから、保護責任者遺棄罪で警察に捕まる」など、言いたい放題で脅している。

また、恭子が祖母にメモを手渡したことを伯母から聞いた後は、「通電尋問」を行い、「血判状」を書かせた。カッターを渡された恭子は、右手の人差し指を切って、「もう二度と逃げたりしません」と血で署名した。松永は、その血判状を押入れの引き戸に貼り付けさせた。

さらに虐待は続いた。ラジオペンチを手渡し、五分以内に右足の親指の爪《つめ》を剝《は》ぐよう命じる。恭子は、ペンチで親指の爪の先端をはさみ、ゆっくり引き上げて剝がそうとしたが、あまりの激痛に耐えかねて躊躇《ちゅうちょ》し、泣きべそをかきながら「できません！できません！」と訴えた。しかし松永から「剝げんのやったら剝いでやる。あと一分しかないぞ」と言われると、息を止めて歯を食いしばり、一気にペンチを持ち上げて剝がした。親指に激痛が走り、親指から腰にかけて寒気が走り、爪を剝がした痕《あと》から血が流れ出してきた。まわりが血だらけになったのを見て、恭子は初めて大声をあげて泣いた。しかし松永は、「治療しましょうか」と言う純子に「そのままでいい」と言い放ち、そのうえ、純子に命じて洗濯ひもで恭子の首を絞めさせた。

このような虐待が、約二十日間もつづいた。そしてようやく、恭子は二回目の逃亡に成功し、一連の事件の発覚につながったのだ。

もし恭子が二回目の逃走に挑まなかったら、あるいはそれに失敗していたら、父親の清志や緒方家の人々のように、廃人同然になるまで虐待が続けられ、最終的には殺されて解体されていただろう。純子もまた、松永に言われた任務をこなしつづけたに違いない。

恭子がこの世からいなくなった時点で、この未曾有《みぞう》の連続監禁殺人事件が完全犯罪になっていたであろうと考えると、恭子が逃亡に成功し、そのうえ公判廷で証言したことは、筆舌に尽くしがたいほどの重大な意味を帯びてくる。

恭子は、被告にどのような処罰を望むかと訊《き》かれたとき、語気を強めてこう言い切った。

「お父さんの敵《かたき》は、きっと私が取ります。ここまで苦しめられた敵を取る方法は、松永、緒方両方ともが死刑になることとです」

一方、純子は、逃亡生活の最後の最後まで松永への絶対服従を貫き通した。湯布院のときのように逃亡を試みることもまったくなかった。彩を殺してから逮捕されるまでの約四年間、純子は何を考えていたのだろうか。

その心の闇《やみ》はあまりに深く、本人でも言葉で表現するのは至極困難であろう。純子は検察官の尋問に対し、おおよそ以下のように答えた。

「あなたはなぜ彩ちゃん事件以降も松永と行動をともにしていたのですか？」

「なぜ……、逃げるところも行くところもありませんし……。あまり深くは考えませんでした」

「自首することは考えましたか？」

「はい、考えました」

「では、なぜ自首しなかったのですか？」

「松永と恭子ちゃんのことを考えたからです。実行犯は私ですから、当時は松永の罪は軽いと思っていましたが、清志さんの事件もあるので、私が自首をして松永が警察に連行されれば迷惑をかけてしまう。恭子ちゃんも世間の冷たい視線に晒《さら》されると思っていました」

「逮捕されていなかったら、あなたはどうなっていたと思いますか？」

「親子心中に望みをつないで生きていましたから、子供たちと死んでいたかもしれません。松永には『おまえが湯布院に逃げたから、全員殺すはめになった』『俺は巻き込まれた。どうしてくれるんだ』『おまえと子供たちがいるから俺は迷惑なんだ。恭子とふたりなら、俺は服部清志に成り済まして、ちゃんと生きていけるんだ』と何回も言われていましたし、『おまえの子供なんだから、おまえが処分しろ。処分した後に自殺しろ』とも言われたことがあり、それが一番いいと思っていました。そのために生きているような、そんな生活をしていました」

「しかしあなたは、親子心中を実行しませんでしたよね。その理由は？」

「子供たちが私の言うことを聞かないので、連れ出せないと思ったからです。松永は子供たちに、私がいかに悪い母親であるかを吹き込んでいました。『この女は俺を殺そうとしているんだ』『もしお父さんが殺されたら、隣のお姉さんのところに行って、〝この女は指名手配の緒方純子です〟と言って助けを求めろ』とまで言い含めていました」

「いま、子供たちは施設で暮らしていますが、それについてはどう考えますか？」

「子供たちにとっては良かったと思います。人格がこれ以上歪《ゆが》むことはありませんから。彩ちゃんと優貴くんのことを思うと大変申しわけないことではありますが……」

「松永といっしょに生きてきたこの二十年間を振り返って、どう思いますか？」

「松永の影響も受けたと思いますが、自分の人生ですし、自分のことは自分で責任を取らなければいけないと思います」

そして純子は、「後悔はありますか？」と訊かれると、ふと黙り、哀感のこもった静かな口調で、「被害者の方々に対しては後悔という言葉では言い尽くせません。でも自分の人生を考えると、逆境から学び取ったこともあります。人間の優しさというのは極限のところで見えると私は思っていますが、そういう極限での家族の優しさも感じられました。松永から与えられたものも、なくはないです」と答え、最後にきっぱりとこう言い切った。

「自分の人生だけを考えると後悔はありません」

この言葉は、死刑をも覚悟した、悟りの境地から発せられたのではないだろうか。

人は死を受け入れたとき、安らかな心境に達する。そして同時に、過去を受け入れていく。おそらく純子もそうなのだろう。どのような刑でも厳粛に受け止める決意を固めたとき、純子の心には幾ばくかの安らぎが訪れたことだろう。そして拘置所の独房で、毎日毎日過去を振り返るうちに、暗黒の人生の記憶の中からも、「逆境から学び取ったこと」「極限で感じた家族の優しさ」「松永から与えられたもの」という肯定的な側面がぼんやりと見えてきて、それらは日増しに確信めいたものになったのだろう。

具体的にそれらが何を指しているのかはわからない。法廷で問い質されることもなかったし、下手な憶測も控えたいと思う。しかし何であれ、それらをもってして純子が悲惨な過去に救いを見いだし、ひいては過去を受け入れる心の支えにしていることは間違いない。

無論、最後の言葉は被害者や遺族には到底理解されず、逆に「居直っている」と怒りを買うだけであろうし、純子もそれは承知しているはずだ。しかし、今の心境について、決して嘘は述べたくなかったのだろう。

第七章　松永太の話

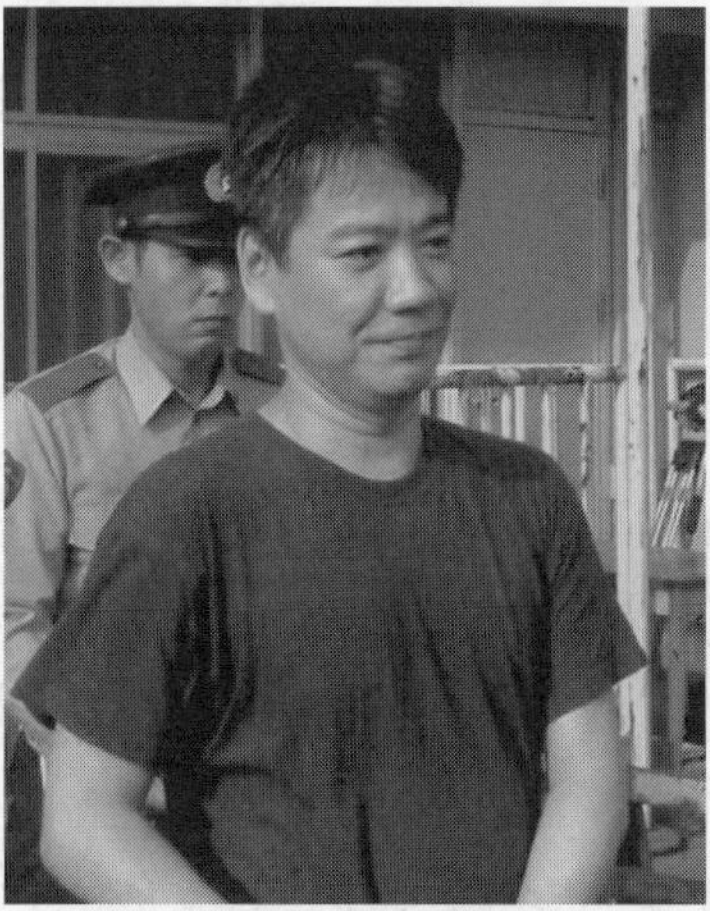

平成15（2003）年6月当時の松永太
（撮影＝共同通信社）

ここまで純子と恭子の証言、検察の捜査情報、そして関係者への取材をもとに緒方一家監禁・殺害事件を振り返ってきた。しかしこの事件には「松永バージョン」とも言うべき、まったく違う視点から語られたストーリーが存在する。

松永は終始一貫、自分が緒方一家を支配していたという検察や純子の主張を、きっぱりと否定している。

「食事・就寝・排泄《はいせつ》などで制限を強いたことはありません。ランク付けもしていません。共同生活を円滑に進めるために最低限の規則は決めていましたが、それさえ守ってくれれば、緒方家の人間が自由に暮らすことを許容していました」

「緒方家の人間に通電をしたことはありますが、しつけの意味で行いました。それを『秩序型通電』と言います。つまり、ルールを守ってもらうために通電するのであって、決して虐待《ぎゃくたい》行為ではありません。回数は少ないですし、大半は手足にですし、事前にかならず理由を説明して相手が納得してから、つまりインフォームドコンセントをしてから通電していました。それぞれの死亡前に私が集中的に通電していたという事実もまったくありません」というわけだ。

特に純子に対する通電については、「しつけ」であることを執拗《しつよう》に強調した。

「純子に通電したことは認めますが、純子の証言のように過酷なものではありません。自分は純子にとってカミナリ親父《おやじ》的存在だったので、いろんな注意点を守ってもらうための『げんこつ』のつもりでしていたのであって、決して虐待ではありません。純子も納得していました。

まず純子の家事のやり方について、私は不満を抱いていました。食事の点でいちばん驚いたのは、腐ったものを食卓に出して子供達に食べさせることです。冷蔵庫の食べ物は純子が管理していましたが、なかにカビがたくさん生えていたし、腐ったものがたくさん押し込まれていました。おふくろも、前のかみさんもそうでしたけど、女性は冷蔵庫の中身を確認してから買物に行くと思うのですが、純子に関してはそれがありませんでした。あるものだろうがなんだろうがどんどん買ってきて、冷蔵庫に入れる。大葉なんかは、真っ黒になっているのがいくつも入っていました。『冷蔵庫と相性が悪い人間なんじゃないか』と思っていたくらいです。何十回も注意しましたし、通電するときもありました。しかし改善はされませんでした」

この種の供述は、枚挙にいとまがない。いずれも法廷が寄席《よせ》と化したかのように笑いに包まれた。

しかし、松永がいくら冗舌にしゃべりまくって純子への通電虐待を否定しても、純子のほうは、癒着してしまった右足の小指と薬指や、肉がえぐれた親指を、物証として法廷で公開している。それに対する松永の答えが注目されたが、「親指の破損に関しては通電行為と認めますが、指の癒着は通電ではありません。原因はわかりません」と、珍しく中途半端《はんぱ》な答えだった。

以下、一連の事件について松永の供述の主だったところを紹介する。まずは純子の湯布院への逃亡話から、松永の作話能力を充分に味わっていただこう。

「平成九年三月頃は生活資金に困っていましたから、私は純子に『今度は、あんたが金を作らんね』と言い、緒方家から金を引き出させようとしました。すると翌月に純子は次男を静美さんの実家に一方的に預けて、どこかに逃亡したのです。

私は純子が次男を置き去りにして姿をくらましたことに腹を立てました。母親としてあまりにも無責任だからです。静美さんに電話し、初めて純子が湯布院に行ったことを知りました。早速、譽さん、静美さん、理恵ちゃんに来てもらい、相談を持ちかけました。私は純子が清志さんの死体を解体したことなどを告げて、『純子をひとりで暮らさせていいんですか。また何か犯罪をしでかすのではないでしょうか』と言いました。

譽さんと静美さんは、『松永くんの抑えがきかなくなったら、純子はますます面倒なことを起こす可能性がある。松永くんの管理下に置かれていた方が安心して逃亡させてくれる』と思ったようです。理恵ちゃんは『姉の代わりにいやいや緒方家の跡取りとなり、平穏な生活をしていたのに、なんで厄介な問題を持ってくるのか！』と怒りを抱いたようです。だからこそ三人は、連れ戻し計画に協力したのだと思います。譽さんたちは私のことを信用していました。『ちょこちょこ悪いことはするが、節度をわきまえている男だから悪さにも限度がある』と思っていたようです」

松永は、自分が自殺したと譽たちから伝えさせ、戻ってきた純子に集団リンチを加えて半殺しにしたことを認めている。しかし、その後に譽たちが小倉に通うようになったのは、脅迫して呼び寄せたからではなく、彼らが積極的に通い出したのであり、マンションでも、とても和やかな雰囲気で純子の今後について話し合ったり、仲良く酒盛りをしていたと主張した。

そして門司駅での純子の逃走については、恭子の連絡を受け、小倉駅に出向いて連れ戻したことは認めたが、その後の制裁についてはこう言い放った。

「譽さんと静美さんがその日のうちに駆けつけてきて、文句を言いながら純子を叩《たた》き回していました。譽さんに殴られて純子は血の混じった唾《つば》を吐き、最終的に気絶しました。まあ暴力を逃れるための芝居のようでしたけれども。私は見ていただけで、暴行に加わっていません」

つまり譽と静美こそ加害者であり、自分は傍観者にすぎないというのだ。

金を受け取った経緯については、譽たちも十分に納得し、円満に決まったことを強調した。

「湯布院、門司駅の騒動が続いて、私はついに純子に愛想を尽かしました。譽さんたちに『もう面倒見切れません。久留米に引き取ってください』と何度も頼みましたが、譽さんは『松永くんには悪いけど引き取れない。純子を家に入れないということは、××さん（理恵子と主也の縁談の世話をした緒方家の人物）と約束している』と、拒み続けました。純子が一緒だと、逃げるのにも相当の知恵が要るし経費もかかると伝えると、譽さんは『わかっている。お金は出すから』と了解したので、私が純子の面倒を見続けるための条件について話し合いました。

最終的に、純子の代わりに子供たちの世話や生活費負担を譽さんたちにしてもらう、純子に時効まで逃亡させるのに、私の知恵と技術に対して相応の金額を支払う、という条件が全員一致で決まりました。譽さんたちは純子のことを『爆弾娘』と恐れていて、純子を指名手配から逃れさせ、なおかつ暴走させないためには私の力にすがるほかなく、そのためには私に金銭を援助するのはやむを得ないと思っていたのです。

譽さんは農協から三千万円を借り入れ、『逃亡エスコート技術料』としてキャッシュで渡してきました。私が脅し取ったということは決してなく、譽さんたちのほうから『純子を頼みます』と進んで授けてきたのです」

そしてさらに、譽たちが緒方家の親族に猛抗議したり、久留米に帰らず小倉で暮らすようになったのも、自分の指示や誘導ではなく、すべて譽たちが自主的に行ったことだと主張した。

「緒方家の親族会議で『三千万円を松永に渡したんじゃないか』と問いつめられたとき、静美さんは『松永は悪人ではない』と私のことを必死に弁護してくれたようです。しかし弟さんたちは、財産を取られないように、本家の田んぼに譽さんの実弟の名義で仮登記を設定しました。

譽さんたちは自分たちの財産を守ることしか考えていない身内に憤慨して、猛抗議をしましたが、仮登記は抹消されませんでした。私が譽さんたちに抗議するようそそのかしたということは決してなく、譽さんたち自ら率先して行ったことです。

平成九年十一月は指名手配犯の捜査強化月間で、緒方家に捜査員が訪ねてきて、たまたま家にいた静美さんが尋問されたりしたので、譽さんたちは久留米に戻らなくなり、マンションMに寝泊まりするようになりました。身内に失望して、『もう縁を切りたい。地元では暮らしたくない』という気持ちも強かったようです。仕事はそれぞれ自主的に辞めていきました。

私たちは毎晩酒盛りをして、お金を工面する方法などを話し合いました。私がいろいろなアドバイスを授けたので、譽さんたちはいたく感心して、ますます私を頼りにするようになり、『私たち家族は長女である純子の身柄を松永太に刑事事件の時効を迎える日まで預ける。そのために家族全員が一丸となって純子と松永太の逃走を幇助《ほうじょ》し支援することを約束する』という内容の合意書を十二月十五日付で作成しました。

その頃には、譽さんと静美さんは私と純子が結婚することを希望していました。すでにもらっている三千万円では足りず、さらに七、八年分の『逃亡エスコート技術料』として三千万円ぐらいの追加費用が必要だったのですが、譽さんは『純子と結婚すれば夫婦なんだから、エスコート料は払わなくてもよいだろう』と言っていました。つまり、更なる支払いを逃れるために結婚を希望したのです。私は『なんてこしゃくな人間だ。漫画の一休さんみたいで、あっぱれだ』と思いました。

しかし湯布院の件以来、私は純子を信用していなかったので、たとえ結婚したとしても純子の行動までは保証できないと考えて、『純子の行動に関する連帯保証書』と題する書面を作成し、譽さんたちにサインを求めましたら、すみやかに応じてくれました」

補足しておくと、この供述の中に出てくる松永と緒方家の間で交わした数々の文書は現存しており、家宅捜査で押収《おうしゅう》され、裁判所に証拠として採用されている。純子の証言では、譽たちは通電されながら作成を強要されたということだが、松永は、すべて話し合いの末に双方納得して文書を作成したと主張している。実際、これらの文書には、「なごやかな雰囲気のうちに作成した」などという一文が記入されているものが多い。しかし、そうわざわざ強調しているところが、逆に不自然である。

緒方家六人の殺害について、松永の証言をまとめよう。

まず彼らが次々に死んでいった事実を認めるかを訊《き》かれ、松永はそれは認めつつも、「それぞれの死亡に私が関与した事実はありません」と言い切った。死体が解体されたという事実も認めたが、「譽さんの解体のときにはプロデューサー的な役割をしましたが、他の五人のときにはぜんぜん関与していません」と断言した。

そして、緒方家六人の死亡に関して、「緒方家の人々は不仲であり、互いに憎しみ合い、邪魔者扱いをし、最終的に殺し合っていった」というストーリーを展開した。中でも主犯格は純子と主也であったという。

純子本人の話では、逃走未遂後の彼女は、まさに死に体であった。最下位にランク付けられ、自由にしゃべることも許されなかった。しかし松永は、その頃から純子が譽たちや松永に横暴な態度を取るようになり、それが一連の事件の伏線となったと主張した。

「その頃、純子は、自分を厄介者扱いする譽さんたちに不満を募らせているようでした。『私が松永と別れたら、いちばん困るのはあんた達やろ。私が松永といっしょに暮らすのは、あんた達のためよ』と傲慢《ごうまん》なことを言ったり、何かにつけて意地悪をしたり、殴る蹴《け》るの暴行を加えたりもしていました。純子は私が見てる前でも譽さんを『お父さん』と呼んだことは一度もなく、『たかしげ』と呼び捨てにしていました。譽さんも最初は『呼び捨てするな』といっていましたが、変わらないので諦《あきら》めていました。静美さんに対しても呼び捨てで、洗っていない茶碗《ちゃわん》を見つけて、『貴様、ちゃんと洗わんか！』と怒っていました。理恵ちゃんが遅れてきたときにも、『貴様、なんで遅れたのや！』と怒っていました。マンションの和室で、純子が主也さんの頬を殴っていたのも見ました。純子が『あんたと私は身内やけん。叩いてもいいやろ』と当たり前のような態度を取っていたので、私はびっくりしました。私に対しても純子は『私が湯布院から帰ってきたからこそ、両親からお金を引くことができるようになったのよ』と言って、ぷりぷりと威張っていました」

そして譽たちが金を集められなくなると、純子はますます横暴になったという。譽が死亡したときの様子について、純子は、松永がポン酢を見つけられなかった彩の態度に腹を立てて譽たちを呼びつけ、通電を加えたことを詳しく語ったが、松永の話はこんな具合だ。

「彩ちゃんが寝小便をしたので私は腹を立て、携帯電話で譽さんたちを呼び戻しましたが、電話で理恵ちゃんが素直に謝罪したので、その時点で私の怒りは収まっていました。しかし純子はぜんぜん別件で譽さんたちに憤慨していました。譽さんたちが、借りるマンションの敷金や家賃を『逃亡エスコート技術料』である三千万円から出してほしいと要求していたので、純子は『どうしてこっちが払ってやらんといかんのね』と怒っていたのです。私はその要求を認めても差し支《つか》えないと思っていたので、『おまえたちのことやけん、おまえが話をせんか。俺は知らんばい』と話しました。譽さんたちが戻ってくると、純子は堰《せき》を切ったように文句を言いましたが、譽さんは『借りとかんと、どうしようもなかろうもん』と反論していました。私は台所で缶ビールを飲みながらそのやりとりを聞いておりましたが、午前五時ごろに和室に行くと、純子が『なんで私たちが払わなければいけないとね！』と言いながら譽さんの乳首に通電しているのが見えました。直後に譽さんは左斜め前に倒れましたが、純子はさらに『なんばねやがりよって！（なに寝てるのよ）』と二回目の通電を加えました。

私は『止《や》めろ！』と強く言い、倒れている譽さんが心配になり、仰向けにしてからマウスツーマウスの人工呼吸を行いました。主也さんは心臓マッサージ、純子と静美さんと理恵ちゃんは手足のマッサージをやりました。しかし譽さんが息を吹き返すことはありませんでした。

子供たちは近所の旅館にいたので、だれも譽さんの死亡現場を見ておりません。しかし理恵ちゃんが『お父さんが死んだことを彩に隠し通すことはできないから、彩にも死体を見せて最後のお別れをさせてあげたい』と言い出したので、彩ちゃんだけ旅館から連れて来られました。

その後、譽さんの死体をどうするのかをみんなで話し合いました。主也さんが、山に埋めたらどうかと提案しましたが、私は『動物に死体が食い荒らされて成仏《じょうぶつ》できませんよ』と反対しました。そして『このまま放置しても、ウジ虫が湧《わ》いて成仏できなくなります。もう一刻の猶予《ゆうよ》もない。譽さんを成仏させるには、ここで死体を解体するしかないですよ。私と純子がやり方を知っていますから大丈夫です』と言いましたところ、全員が賛成しました。そして解体作業は主也さんを中心として行われ、一週間ほどで終了しました」

　この供述の中で松永は、譽が死ぬ前に子供たちを旅館に移動させたと言っている。つまり、「恭子も移動したので死亡場面を目撃していない」と言いたかったのだろう。だがこれは、あっさり否定される形となった。恭子本人が法廷で「旅館に移動したのは、解体が始まる前でした」と証言し、松永が純子に通電の指示を与える場面を詳細に語ったからだ。

　また松永は、以下の理由から、自分には譽を殺害する動機がないことを主張した。

「死亡当時も私は、譽さんのことを『金のなる木』と思っておりました。たしかに仮登記によって緒方家の土地を担保に借金することはできなくなりましたが、サラ金から借りるという方法もあり、譽さんにはどんどんサラ金に回ってもらう予定でいました。それから、譽さんは高圧ガスとかボイラーの免許をもっていたので、会社を立ち上げて、商工会議所や国民金融公庫などからお金を借りることも考えていました。『わたしが頼めば同和資金から借りられる』と譽さんは言っていましたから、それも利用しようと思っていました」

しかしこの言い分は、苦しまぎれの弁解にすぎない。前述したように、すでに静美がサラ金から限度額一杯に借り入れており、生計を同一にする譽が借りられないことぐらい、松永は分かっていたはずだ。会社を立ち上げて融資を得るという話も、非現実的だ。中小企業の元経営者である松永は、そうした審査の厳しさを骨身に染《し》みてわかっていただろう。松永にとって、譽の利用価値がなくなっていたのは明らかである。

では、松永は実際に譽を殺そうと意図していたのだろうか。

譽の乳首に通電するよう純子に指示したとき、そこが心臓に近くて危険であることは、松永なら知っていたであろう。さらに病み上がりの老体では、危険が高まるのは常識である。しかしそのとき、松永が譽の死を想定し、純子に通電させ、計画どおり譽を殺したとまで推測するには無理がある。譽に関しては、純子も、松永や自分の殺意を否定しているし、純子や恭子の証言内容を精査しても、それを翻《ひるがえ》すような材料は見受けられない。したがって、譽の死に限って言えば、「故意ではない」という松永の主張は嘘《うそ》とは言えないだろう。

松永の供述は、静美事件に移った。

静美が「アー」「ウー」と奇声をあげるようになったという話は純子のそれと同じ

だったが、もちろんそれは、自分が虐待《ぎゃくたい》した結果ではない、と主張した。

「私は、痴呆《ちほう》が始まったのだと思いました。静美さんのお母さんがやはりアルツハイマーだったということで、遺伝的な原因ではないでしょうか。奇声が外に聞こえるといけないので、静美さんに浴室に入ってもらい、これから静美さんをどうするかを話し合いました」

しかしその話し合いの内容は、純子の証言と百八十度異なる。静美を精神病院に入院させたいという純子たちに対し、静美が余計なことをしゃべる、お金がかかる、と反対した松永だが、本人の弁はこんな具合だ。

「精神病院に入れるという提案が出ましたが、純子と主也さんが『入院させたら、お父さんのことを医者や看護婦や見舞いに来た人に言うかもしれない』と強く反対しました。私は『静美さんも死体解体に関わっているから他言するはずがない』『たとえ話したとしても静美さんは精神に異常を来《きた》しているから誰も信用しない』と思いましたし、私自身は譽さんが死亡したときの通電はしていないわけですから、静美さんを入院させることを恐れてはいませんでした。しかし結局、純子と主也さんは最後まで『言うかもしれない。そしたら終わりだ』と反対を続けていました」

見事、自分の台詞《せりふ》を純子と主也のものにしてしまっている。

「あと一時間以内に結論を出せ」「やるんだったら早くやれ」「金は貸してやってもいい」などと殺害を迫られたという純子の供述は、もちろん否定した。自分はマンションVで読書をしていたので、約一時間後にマンションMへ戻り、初めて静美の殺害を聞かされたというのだ。

「Mに到着すると、理恵ちゃんが玄関に出てきて、『かずちゃんがお母さんを殺した。首を絞めて殺した』と泣いて言うのでびっくりしました。主也さんに『どしけん（どうした）』と聞くと、『俺がばあちゃんを殺した。俺がやらんといかんと思った』と言いました。純子も『主也さんが殺した』と言ったので、静美さんが主也さんに殺されたのは本当だと思い、『なんてことをしたんだ！　俺が知らんところで勝手なことやって！』と怒りました」

そして、解体作業に関与するどころか、静美の死体も見ていないと言い放った。

また譽のときと同様、殺害動機がない理由として、静美の利用価値についても述べた。「入院させれば一日一万五千円の入院給付金が入った」「痴呆であれば障害者手帳をもらえ、いずれ老齢年金も入った」「病死をすれば生命保険金も入った」……。さらにふたたび静美との男女関係を強調し、まさに死者への冒瀆《ぼうとく》とも言える醜悪な作り話を披露したのである。

「私が二十二歳のころから静美さんとは愛人関係にあり、当時も私は静美さんに対する愛情を抱いていました。私が逃亡生活を始めてからは会えませんでしたが、静美さんがマンションに出入りするようになり、ふたたび肉体関係を持つようになりました。譽さんが引っ付いて来るので一時中断しておりましたが、譽さんの死後、純子たちが解体道具を買いに出かけたのでふたりでいたとき、静美さんが『淋《さび》しい』と私を誘ってきたので、久しぶりに肉体関係を持ちました。もし元気でいれば、自分の右腕として、テキパキ動いてくれたと思います。

したがって私が静美さんを殺したいと考えるはずがなく、殺害を指示したという事実は断じてありません。しかし純子には静美さんを殺す動機がありました。譽さんを死なせてしまったことを静美さんに告げ口されるのを恐れていましたし、もともと純子と静美さんは仲が良くないんです。静美さんが男女関係にあったのを気づいて、快くはなかったはずです。静美さんに恨みを抱いていました。そして、主也さんも発狂した静美さんを邪魔に感じていたので、純子と共謀して絞殺《こうさつ》したのです。純子は理恵ちゃんも関与したと言っていましたが、『お母さんが殺された』と泣いていたぐらいですから、理恵ちゃんが関与しているはずがありません」

では、その理恵子はなぜ死んだと言うのだろうか。

ここまでの供述から分かるように、松永は、理恵子とも特別なつながりを持っていたことを強調している。理恵子に殺意を持つなんてとんでもない、と言いたいのだろう。まず松永は、理恵子と主也の夫婦仲が非常に悪く、自分が間に入っていたという話を始めた。

「私は双方から相談を受けていましたが、理恵ちゃんは『主也さんとは結婚したくなかった。お姉さんが家を出たので仕方なく結婚した』と愚痴をこぼし、主也さんのほうは『理恵子は妊娠中絶したことがあったのに隠していた。結婚後もスナックで働いて客とホテルに行ったり、職場の同僚と浮気もした。土地の名義変更のことでも緒方家に騙《だま》された』と言って、二人とも真剣に離婚したがっていました。酒の席で、主也さんが理恵ちゃんに暴力を振るったこともあります。主也さんは『何もかも嫌になった』と、よく言っていました」

そして夫婦の不仲が決定的となり、主也の暴力も激しくなっていき、最後に主也が理恵子の首を絞めて殺した、というのが松永のストーリーである。

純子の証言では、殺害当日、松永は純子に「今からむこう（マンションM）に行く。むこうに行くというのはどういうことかわかるだろ」と、理恵子の殺害を仄《ほの》めかした。

そしてMに着くと、純子、主也、彩に向かって、「俺が起きるまでに終わっておけよ」と告げている。

それに対して松永は、「私がMに移動したのは、恭子ちゃんと寝たかったからです」と言ってのけた。しかし到着後すぐに眠くなり、「和室の寝床でこてんと眠ってしまいました」という。その日は理恵子がサラ金の支払いで博多に行ったついでに辛子明太子《からしめんたいこ》を買ってきたので、それをつまみに芋焼酎《いもじょうちゅう》をたらふく飲み、移動のときはすでに酩酊《めいてい》状態であったそうだ。そして約三時間後に目覚めたとき、理恵子が殺されたことを知ったというのだ。

「私がトイレから出たとき、『太くん、ちょっと、ちょっと』と主也さんに呼び止められました。主也さんは『実はさっき、浴室で理恵子の首を絞めて殺した』と打ち明けました。

なんでそんなことをしたのかと怒ると、主也さんは『どうしても許せなかった』と言いました。純子は『主也が理恵子を殺したとや。私は止めたんよ』と言い張っていました。しかし純子がいない場所で主也さんに詳細を聞いたところ、純子は理恵ちゃんを浴室に閉じ込め、『このまま理恵子を生かしておいたら、理恵子と松永はひっつくよ』などと言って主也さんに殺害を促したそうです。

その後、主也さんから、『理恵子の死体を解体させてくれないか』と頼まれましたが、ここではできん、と断りました。しかし、どうしてもと懇願するので、『じゃあ、急いでやってくださいよ』としぶしぶ承諾しました。私は気味が悪いし、緒方家の問題には関わりたくなかったので、理恵ちゃんの死体を一度も見に行きませんでした」

そしてまた、理恵子の利用価値を説明して、自身の殺害動機を否定した。

「理恵ちゃんは美人だったので、高級クラブで働いてもらおうと思っていましたし、借金もない状態だったのでどんどんサラ金に回ってもらおうと思っていました。それに理恵ちゃんが死んだら、彩ちゃんと優貴くんが残されるわけで、誰が面倒を見るのかという問題が生じます。すでに私と理恵ちゃんは男女関係になっていたので、私は理恵ちゃんを大切にしていました。従いまして、私が理恵ちゃんを殺したいと考えるはずがなく、殺害の指示や誘導も断じてありません」

高級クラブうんぬんはともかく、無職の理恵子が借金できるはずがない。ここでまた松永は、墓穴を掘った。

引きつづき、主也事件の供述である。

理恵子の死後、主也に対する通電や食事制限は厳しさを増し、主也は歩けなくなるほど弱っていったと純子は話したが、松永はそれを全面的に否定した。

「厳しい生活制限を強いたことはありません。主也さんはマンションMで暮らし始めてからも自由に外出していました。パチンコやスロットにもよく通っていましたし、子供たちを連れて遊びに出かけることもありました。私はほとんど外食しませんでしたが、主也さんはファミリーレストランやラーメン屋などで外食することも多かったです。従いまして満足していたかどうかわかりませんが、マンションMでも、主也さんはきちんと食事を取っていました」

愛人と逢《あ》うために大分県中津市に行ったときも、主也は元気であり、快く運転を引き受け、純子と次男も連れて「ピクニック気分」で出掛けたという。そして帰りの車の中で主也は、「太くんを待っている間に、とんかつ、うどん、アイスクリームを食べた。いっぱいよばれたけん、満腹、満腹」と嬉《うれ》しそうに話し、マンションに帰ってからビールを飲んで寝た。ところが直後、主也の体調は急変したという。

「私が目を覚ましてトイレに行くと、洗面台で主也さんが吐いていました。滝が流れるような激しい嘔吐《おうと》でした。床に垂れるので汚いと思い、主也さんにお願いして浴室に入ってもらいました。『病院に連れて行きましょうか』と言うと、『よかよか。だいぶん痛みも治まったし』と答えました。自分の胃腸薬をあげると、主也さんはそれを飲み、吐き気が治まったようでした。

しかしその後、頭も痛いと言い始めました。私は『もういい加減にしろ』と少し頭に来て、『きっと一日酔いですよ。頭が痛いなら迎え酒を飲めばいいですよ』とビールをすすめましたが、『もう飲めんごとあるばい』と主也さんは断りました。しかし、じきに頭の痛みも止まったらしく、主也さんは浴室でそのまま寝ました。彩ちゃんがいっしょに寝ることになり、『お父さんの様子がおかしかったら知らせて』と指示を出してから、私はふたたび寝ました。

午後三時ごろ、彩ちゃんが『お父さんが息をしていない』と言うので、純子が浴室に見に行きました。そして戻って来ると『主也さん、死んどる』と言いました。腹が張っていた、とも言っていました。私はびっくりして、飲みすぎ食べすぎによる病変で急死したのだろうと思いましたが、緒方家の問題であるから関わりたくないと考え、死体は見に行きませんでした。死体解体は純子と彩ちゃんが行いましたが、それにも私はいっさい関わりませんでした」

まったく元気に暮らしていた人間が、大量に飲食したために急死するというのも突飛なストーリー展開だが、松永は主也の急死の理由についてこう語った。

「彼はもともと太りすぎ、食べすぎ、飲みすぎで肝機能障害を抱えていたんです。平成九年七月には病院で慢性肝炎と診断され、通院していました。しかし『飲酒厳禁』という医師の警告にも関わらず、ぜんぜん酒を止《や》めず、私たちといっしょに毎晩のように大量に飲んでいました。だいたい一晩に四人でビール約五十本、ワイン二本、焼酎二本くらいは空けていました。そういう不摂生が祟《たた》って、主也さんは何らかの内臓疾患によって突然死したのです」

補足しておくと、主也のカルテは裁判所に証拠採用されており、慢性肝炎などの病状は事実であることが判明している。そういう意味では、これまでの弁明と比べて出来は良いと言えるが、鬼気せまった純子の証言をひるがえすには遠く及ばない。

優貴・彩事件は、松永にとって、もっとも頭を悩ませるものだったろう。多少の違いはあるものの、純子と恭子の証言が、「松永から殺害指示を受けた」という点で、完全に一致していたからだ。

しかし、松永はめげなかった。「あいつは、自分なら切り抜けられるという信念を持っている」という捜査員の言葉通り、その「信念」を見せつけたのである。

まず彼は、純子の精神状態がひどくなってきたという話から始めた。

「主也さんの死亡後、純子は毎晩日本酒を大量に飲み、急に落ち込んだり笑い出したり、だれ彼かまわず当たり散らしたり、『お父さん、お母さんのところに行こうかな』と自殺をほのめかしたり、精神的に不安定な状態が続いていました。優貴くんと彩ちゃんが取り残されたことを気にかけて、二人を福祉施設に預けると言ったりもしました。私には『あなたに迷惑かけんけ、心配せんでいい』と言っていました。私は二人が取り残されたのは緒方家の問題と考えていたので、純子の相談に親身にならず、『俺には迷惑をかけんでくれ』と言っていました」

そして純子から突然、優貴の殺害を告げられたという。

「平成十年五月十七日の午後六時半ごろ、純子は優貴くんと彩ちゃんを連れてマンションVからMに移動しました。主也さんの死体解体の後片付けをするためです。しかし約二時間後、Vにいた私に純子から電話があり、『優貴くんが彩ちゃんとお風呂《ふろ》に入っているとき、浴槽で溺《おぼ》れて死んだ。どうしよう』と言われました。私はびっくりして、人工呼吸はしたかと聞くと、『もうだめ、だめ、死んどる』と答えました。私は優貴くんの死体を風呂場に置いて戻ってくるよう指示しました。後で純子に訊《き》くと、『さっきは嘘《うそ》ついたとや。私と彩ちゃんが首を絞めて殺したんよ』と白状しました。びっくり仰天して、『とんでもないことをしやがって！』と憤慨しましたら、純子は『優貴くんを見ていたら、不憫《ふびん》で可哀想《かわいそう》になってしまって……』と泣き出しました」

そしてその直後、松永は、こう考えたという。

「私は恭子ちゃんに知られるとまずいと思いました。譽さんは事故死、主也さんは病死、静美さんと理恵ちゃんは主也さんが絞殺したので、もし恭子ちゃんが誰かに話しても純子の罪にはなりませんが、今度はまぎれもなく純子が主犯であり、確定的殺意を持って行ったことですから、それを恭子ちゃんが知って誰かに話したら大変だと思いました。私自身は何も関わっていないので困りませんが、純子は私の子供たちの母親ですし、純子が刑務所に入ってしまうと、子供たちが路頭に迷うからです。

純子も、恭子ちゃんに弱みを握られたくないから知恵を貸してほしい、と頼んできました。そこで私は『知恵を貸してやってもいいが、自分が悪人になるのは嫌だ。最終的にはおまえが決めろよ』と言いましたところ、『わかってる。あなたに決して迷惑はかけんけ』と意思確認ができたので、私は『殺害現場の再生』を提案しました。

つまり、清志さんのときと同様に、恭子ちゃんに殺害行為に関与したと思い込ませて負い目をおわせれば、誰にも話さないだろうと思い、偽装工作を計画したのです。

優貴くんの死体の首を彩ちゃんに絞めさせ、途中で眠っている恭子ちゃんを起こし、『あんたも手伝え！』と命じて足を押さえさせるという計画です。彩ちゃんに絞めさせたほうが、仮に恭子ちゃんが誰かに話しても、まさか大人がいるのに子供に殺人をさせるわけないと、信じてもらえないだろうと思ったからです。恭子ちゃんは目を覚ましたあと四十分ぐらいはボーッとしている癖がありましたので、寝起き直後に足を持たせれば、優貴くんがすでに死んでいることに気づかないだろうと思いました。そして偽装工作はシナリオ通りに成功して、恭子ちゃんは優貴くんの殺害に関与したと信じ込んでいました」

松永はこの供述で、純子と恭子の証言の相違部分を巧みに活《い》かしている。優貴の首を絞めた実行役について、純子は「私と彩ちゃん」、恭子は「彩ちゃんひとり」と言ったが、そのどちらもあったというストーリーを創作したのだ。そして、自分が恭子に指示を出したのは、あくまでも「芝居」のときであり、死体の足を押さえさせたのは殺害の指示には当たらない、という結論まで導き出している。

彩殺害についても、松永は、純子から突然、殺したことを告げられたと話した。

「優貴くんの死体解体は一週間くらいで終了し、彩ちゃんが取り残されました。六月七日の午後六時半ごろ、純子は『掃除にいってくる』と彩ちゃんを連れてマンションMに行きました。Mには恭子ちゃんがひとりでいました。約二時間後に、純子と恭子ちゃんが戻ってきました。彩ちゃんの姿が見えなかったので『彩ちゃんはどうしたと？』と聞くと、恭子ちゃんは俯《うつむ》いて黙り込み、純子もしばらく沈黙してから『殺す気はなかったけど、私と恭子ちゃんで彩ちゃんの首を絞めて殺してしまった』と告白しました。

予想外のことだったのでびっくりして問い詰めると、純子はしきりに『殺す気はなかったんよ。彩ちゃんにカッとなって首を絞めながら怒っていたら、ほんとうに首が絞まって死んでしまった』と言い訳をしておりました。どんな理由で純子が怒ったのかは聞かなかったか忘れました。

純子が彩ちゃんの首をヒモで締める虐待《ぎゃくたい》をしたのですが、顎《あご》の骨に平行にヒモを持って行き、そのまま顎のラインに沿って首の後ろから上に引っ張るように絞めたのです。私は純子を実験台にして同様の絞め方を見せながら、『これでは首吊《くび》りと同じ状態になってしまい、頸動脈《けいどうみゃく》と気道が塞《ふさ》がれてしまう。相当に注意してやらなければ死んでしまうよ』と厳しく言いました。これを聞いた純子は大変落ち込んでいました」

彩の死因については、純子は電気コードによる首絞め、恭子は簀《す》の子《こ》に縛り付けての通電と、二人の証言は全く異なっていた。当然松永はその違いを利用し、込み入ったフィクションを展開すると予想されたが、どういうわけか「虐待中の純子の暴走」という、拍子抜けするほどシンプルな話で終わってしまった。

ほとんど恒例となった感がある、殺された者の利用価値については、こう語った。

「優貴くんと彩ちゃんは足手まといではありませんでした。二人とはずっと関わりを持って生活していきたいと思っておりました。『金の卵』であり、大切な『金のなる木』だからです。

優貴くんは緒方家にとっても五十年ぶりに生まれた男の子で、大事な跡取りですから、大事にしなきゃと思っていました。主也さんの祖母から可愛《かわい》がられていたと聞いていたので、しばらく育てたあとに主也さんの実家に戻し、今までの養育費とかいろんな名目をつけて、四百万円から一千万円程度の金を巻き上げてやろうと思っていました。優貴くんは、純子の犯罪について何も知らなかったので、誰かに話すことを心配していませんでした。

彩ちゃんは一生懸命に掃除をしてくれたり、食事を作ったりしてくれる大切な存在でした。しつけによって、言ってはいけないことを十分納得していたので、彩ちゃんが誰かに話すことも心配していませんでした。美人で頭が良く、しっかりしていましたから、将来的にはいわゆる古典風俗、つまり舞妓《まいこ》さんとして働けるだろうと思っていました。五年も経《た》ったら京都の芸者の置屋に預けて厳しい修業を受けさせれば、その道で立派になってくれると思っていました。もし彩ちゃんが一流の芸者になれば、私にも数千万円の金をもたらしてくれるはずですから」

最後の舞妓うんぬんの話は、松永特有のサービス精神を発揮して、退屈している傍聴人を笑わせようとしたのだろうか。そして、実際に大変ウケると、松永は御満悦な様子でさらに調子よくしゃべりまくるのだった。こんな被告は前代未聞《みもん》であろう。

しかし書いておきたいのは、笑いが静まると、かならず傍聴席のあちこちから溜《た》め息《いき》が聴こえてきたことだ。大いに笑った後、傍聴人はふと冷静になり、「この『愉快な男』の本性は、あの極悪非道な手口で七人の命を奪った凶悪犯ではないか」といった現実に引き戻される。そして、その人物に笑わされたことになんとも不条理でやり切れない気持ちを抱き、思わず溜め息が出てしまうのだろう。

最後に松永は、いま緒方家の人々に対してどんな気持ちを抱いているかと裁判官から訊かれ、真顔でこう言い放った。

「哀悼の意を表しますが、自分が住む場所で殺害され、大変迷惑しています！」

以上、松永の松永による松永のための、この事件の流れを簡単に記した。彼の話は、ときに妙に現実味を帯びて聞こえることもあった。しかし純子は、松永が些細《ささい》な出来事を大袈裟《おおげさ》にふくらませたり、時期が異なる出来事をつなぎ合わせたりして、自分に都合のよいストーリーをでっちあげることを得意にしていたと明言している。実際、松永の証言は、多くの矛盾をはらんでいたり、公判の過程で変遷《へんせん》していくことも珍しくなかった。

詐欺《さぎ》や虐待、極端に乱れた性関係など、反社会的行為について、松永は何のためらいもなく認めている。時効が成立している死体損壊や死体遺棄についても、七件中二件は、関わりを認めている。が、その一方で、殺人については絶対に認めていない。いわば松永のストーリーは、連続殺人という罪を避けて通るために、無理やりに作られたものなのだ。そこを認めると死刑を免れないことを充分に承知しており、それは何としても避けたかったのだろう。

また、松永の話では、緒方家の人々が軽々と犯罪に手を染める、非常に凶悪な人間として描かれている。しかし忘れてはならないのは、松永と遭遇するまで、彼らは九州の片田舎で真っ当に生きている、ごく普通の人たちだったということだ。少なくとも、松永が高校の卒業アルバムをみて純子に電話するまで、犯罪と関わるような波風は、まったく起きていなかったのだ。

第八章 消される二人

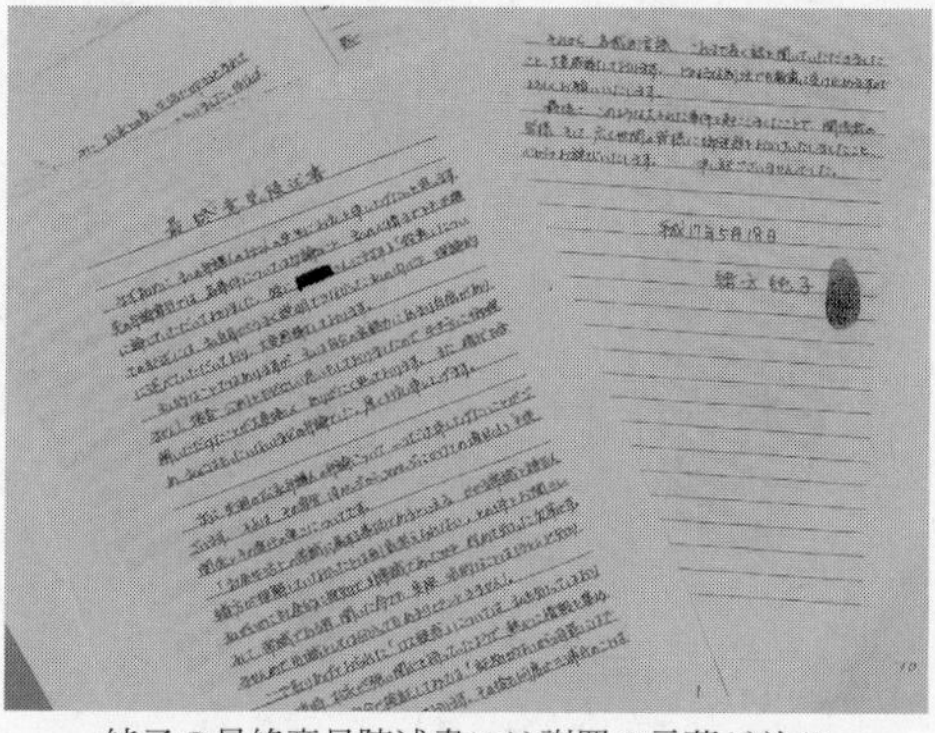
最終意見陳述書

[redacted]

平成17年5月18日

緒方純子

純子の最終意見陳述書には謝罪の言葉が並ぶ

両被告への尋問が終わり、いよいよ裁判は終幕を迎えた。平成十七年三月二日の公判で、検察官が論告求刑を行った。約四時間半にわたって読まれた論告書は、松永太と緒方純子が共に被害者七人に殺意を抱き、共謀して、計画的に殺害していったと断定した。死因の推定が難しい清志と主也の殺害については、監禁虐待《ぎゃくたい》の影響による多臓器不全と結論づけた。そして、「希代の連続大量殺人事件で、両被告の刑事責任は、我が国の犯罪史上、比肩するものがないほど重大である。金づるとして利用価値がなくなった被害者の口封じに七人も抹殺するという鬼畜の所業をやってのけた両被告には、極刑をもって臨むことが不可欠である」と、死刑を求刑した。

私は松永と純子への求刑に差がないことに、強い違和感を感じた。

検察官が証拠としてもっとも重視したのは、純子の全面的な自白であった。「具体的かつ詳細で迫真性があり、多数の客観証拠にも符合している」「かけがえのない家族を自らの手で順次殺害した衝撃的な場面に関するものであって、記憶の正確性は十分に担保されている」「自らの死刑を覚悟し、真摯《しんし》な態度で公判に臨んでいる」「松永に有利と思える事情をも隠すことなく供述しており、責任転嫁《てんか》を意図した虚偽供述を疑う事情もない」と、高く評価している。

しかし、にもかかわらず、純子が殺意を否定している清志と譽の殺害についても、「純子に殺意があったのは明らか」と断定している。この点において、まず、大きな矛盾がある。

傍聴人の間では、松永太への死刑求刑は間違いないが、緒方純子には無期懲役求刑の可能性もあるという予想が少なくなかった。その理由にはまず、純子が二十年という長い期間、松永から虐待による支配を受けており、殺害の指示を拒めなかったことがある。しかし検察官は、松永と純子の間に支配関係はなく、両者の刑事責任は同等であると主張したのだ。

「松永は強烈な金銭欲を満たすためには手段を選ばないという異様な大胆さを持っているが、他方で、髪の毛一本も残さないほど徹底的な証拠隠滅工作を行うという病的な小心さをも兼ね備えている。他方、純子は、相当に刹那《せつな》的な傾向が強く、非常に割り切りが早く、猪突《ちょとつ》猛進、あるいは独りよがりな行動を取る。つまり、さまざまな大胆かつ巧妙な犯罪を思いつくが、その小心さ故《ゆえ》に自分の手を汚すことを極度に嫌う松永にとって、思考停止型の割り切りの早さで、犯行指示を愚直なまでに忠実に実行する緒方の存在は、欠かせないものであった。端的に言えば、両被告は善悪のたがが外れた発案者と、その指示にひたすら従う忠実な実行者として、車の両輪と言える関係だった」

また検察官は、母親の静美や甥《おい》の優貴を殺害するとき、純子が松永の指示に難色を示したことに触れ、したがって、必ずしも絶対的に服従していたわけではないとした。そして、もし純子が身を挺《てい》してでも阻止していれば、少なくとも彩と優貴の幼い命は救われていた、それ以外の殺人事件についても、犯行を阻止する機会がいくらでも与えられていた、と断じた。

さらに、松永が純子を支配するときには、通電などで強制的に従わせていたというよりも、むしろ手を替え品を替えて説得してきたとし、「両名の間には一貫した上下関係があったにせよ、それは緒方の意思を制圧するような支配関係ではなかったのであり、緒方の刑事責任を松永に比して減ずることは許されない」と結論づけている。

しかし一方で、譽たちが松永に絶対服従していた理由として、通電虐待や生活制限による心理的支配を挙げている。それを、長期に渡って過酷な虐待を受け続けてきた純子に認めないのは、論理の破綻《はたん》とさえ言えるのではないだろうか。

純子の無期懲役求刑を予想した二番目の理由は、純子の自白が、事件の全容解明に大きく寄与したことである。たとえば、これと類似した理由で無期懲役が求刑された被告としては、地下鉄サリン事件の実行犯だった林郁夫が記憶に新しい。しかし検察官は、この点でも純子を厳しく弾劾《だんがい》した。

「本件を解明するにあたり、緒方の自白が極めて重要な役割を果たしたことは否定しないが、松永がいまだに不合理極まる弁解に終始しているからこそ、対比の上で、強い印象を与えているにすぎない。緒方の自白を有利な情状として勘案するとしても、両被告による証拠隠滅工作と検挙後の長期間にわたる黙秘・否認とは相殺《そうさい》するにさえ不十分である。ましてや、かかる自白が殺人事件の犯情を軽減する方向に働くなどという理解は、被害者やその遺族の心情を踏みにじるものと言うほかなく、緒方の自白が死刑回避の理由にならないことも明らかである」

同年四月二十七日に行われた公判では、緒方純子の弁護団が最終弁論を行い、改めて清志と譽に対する純子の殺意を否定し、傷害か傷害致死罪の適用を訴えた。さらに、松永と純子の間に支配関係はなかったとする検察官の主張に対して、「緒方は松永による長期の虐待で精神的に支配され、殺害指示を拒めなかった」と真っ向から反論している。

特筆すべきは、純子が殺害を回避できなかった心理的背景を分析した心理鑑定意見書を、弁護団が初めて公表したことだった。心理鑑定は、刑事責任能力の有無を問う精神鑑定とは異なり、被告に責任能力があることを前提としたうえで、量刑の判断材料として使われる。

鑑定者は、犯罪心理学を専門とする筑波大学大学院教授の精神科医・中谷陽二氏。拘置所で純子に面接して聞き取りや心理テストを行った結果、中谷氏は純子の行動傾向や価値観は松永との出会いを機に変化し、バタードウーマンの典型的な特徴を持つようになったと分析した。自己評価が低い、虐待者の行為の責任を自分が負う、怒りや恐怖を否認する一方で罪悪感に悩む、などがその特徴だが、純子はすべてに当てはまるというのだ。象徴的な場面として中谷氏は、純子が門司駅で逃亡する際に「どうすれば松永に迷惑をかけずに死ねるか」と、虐待者を気遣っていたことを挙げた。

また松永については、「巧妙なテクニックを様々に駆使して操作、支配する非凡とも言える才覚を身に着けている」と指摘。その才覚と電気ショックが、いわばセットとなったことで、強大な威力を発揮したという。

「長年にわたり日課のように繰り返される電気ショックの効果は強力である。『詰問《きつもん》を否定しても通電、肯定しても通電、黙っていても通電』というパターンのもとで、次第に『目前の通電をいかに回避するか』に注意が集中するようになる。(中略)『通電の制裁』の観念が先に浮かんでしまい、合理的な行動選択、動機付けがブロックされてしまうのである。その結果、緒方にとっては松永の意向をいかに敏感に、的確に捉《とら》えるかが最優先の課題となる。（中略）松永の指示は直接的、明示的ではなく、常に婉曲《えんきょく》な示唆《しさ》やほのめかしの形を取るが、緒方は直ちにそれを実行のサインと受け取り、そこに批判が介在する余地はない。そして特に重大であるのは、松永が緒方のこうした弱点を最大限に利用していたと考えられることだ」

そして中谷氏は、純子は長期にわたって虐待されたために、松永に対する強度の服従の心理が生じ、それが一連の犯行への関与につながっていったと結論を下した。

「精神医学の立場からは、正常な意思決定に基づく行為とみなすことはきわめて困難である」というのだ。

この鑑定結果をみれば、犯行時の純子は刑法上の「心神耗弱者《こうじゃくしゃ》（精神の障害により善悪の判断能力が減退している者）」であったとして、責任能力を公判の争点にできるように思える。しかし、純子の弁護団は、純子が静美の殺害を回避するために入院させようと松永に提案したこと、理恵子の殺害時期を遅らせるために主也と彩に相談したことを挙げて、「緒方には人を殺してはいけないという行為の違法性を認識する能力は備わっていた」と結論づけた。

そのうえで純子の弁護団は、刑法上の「適法行為の期待可能性」に言及した。犯行時に通常の理性的な行動を取ることが期待できない、あるいは期待するのが難しい状況であったと認められれば、情状酌量の理由となり得る、という考え方である。

純子の弁護団はこう訴えた。

「犯行時の緒方に対し、殺害を回避するという理性的な行動を期待することは著しく困難な状況であったというべきである。このことは、元警察官で、まだ若く、正義感の強かった主也が、静美と理恵子を殺害していることや、全く犯罪傾向のなかった理恵子が静美殺害に直接関与していることなどからも裏づけられる」

「公判での緒方の供述を聞けば明らかなごとく、緒方は被害者に対し心から謝罪している。さらに緒方は、真実が明らかにされ、適切な裁判がなされるために、誠実に公判で真実を述べることが、被害者や遺族に対する最大の反省の態度であると信じ、そのように行動してきた」

「生かされて長い懲役刑に服することも、立派な贖罪《しょくざい》である。長い懲役の後には、人生で初めて、自分の意思で、自分の判断で、人生を生きていくチャンスが緒方に与えられることを許していただきたい」

純子側の最終弁論から二週間ほど経《た》った五月十一日、そして十八日と、二日間に渡って松永太の弁護団が最終弁論を行い、検察官の論告に全面的に反論した。「緒方や被害者に対し、死人に口なしとでも言わんばかりに刑事責任を押し付けて責任回避を図るというもの」「いずれも不自然かつ不合理なものであるうえ、合理的理由のない変遷《へんせん》を繰り返しており、およそ取るに足りない弁解である」と検察官が糾弾した松永の供述に対し、「物証や第三者の供述と合致する部分も多数存在している」「緒方一家と両被告とのかかわりに関する部分の供述など、より合理的に理解できる部分も数多くある」などと擁護した。

そして当然のことながら、ほぼ全面的に松永の供述に沿って事件を説いた。「清志は浴室で転んで頭を打って死亡した事故死」「主也は不摂生による病死」「松永にとって緒方一家は、将来に渡って逃走を継続するうえでの資金源であり、身の回りの世話をしてもらうなど必要な存在であり、殺害を計画する動機となりうる事情は何ら存在しなかった。他方、緒方は、緒方一家に対して松永以上に支配者的に振る舞っていたことが明らかであり、一家の殺害は緒方が松永の意向にかかわりなく自らの判断で行った。松永は殺害も殺害の指示もしていない」――。

唯一《ゆいいつ》、譽の死についてだけは「松永は純子に通電の許可を与え、きっかけを作った責任がある」と傷害致死罪の範囲での関与を認めたものの、殺人罪については七件とも全面無罪を訴えている。

五月十八日の公判の結審前には、両被告の最終意見陳述が行われた。

「緒方被告から最後の意見を述べてください」と裁判長から言われると、ピンクの半《はん》袖《そで》シャツに黒のワンピース姿の純子は、裁判官に深々と一礼してから背筋を伸ばして証言台に立ち、両手に持った手書きの便せんを落ち着いた声で読み上げた。

「松永と過ごした二十年間は、社会から離れて生活してきました。そのせいか、逮捕されて身柄を拘束されても、特に不自然は感じませんでした。でも、私が松永から精神的に解放されるまでには、長い時間がかかりました。当初は自分の殻を頑《かたく》なに守っておりましたが、一日一日いろいろな方と接し、挨拶《あいさつ》に始まり、会話を重ねるうちに、少しずつ心が穏やかになるのを感じました。お陰で私は変わることができ、松永の呪《じゅ》縛《ばく》から逃れることができました。（捜査員、検察官、弁護人の名前をひとりひとり読み上げる）それらの人との出会いがなければ、今の私はありませんでした。深く感謝しております。

二十年間で失った自分を、三年間で取り戻せました。本当にありがたいと思っています。

私は全《すべ》ての真実を知っているわけではありません。また一人一人の心のうちを知っていたわけでもなく、まして、その本当の辛《つら》さ苦しさを分かっていたとも言えません。それでも亡《な》くなった被害者のお一人お一人のことを、できうるかぎり話す義務があると思い、代弁者になろうと公判で話してきました。そしてそれは、亡くなられた方々の無念を晴らすまでには至らなくても、ほんの少し慰めることになるのではないかという償いの意味もありました。

いま思うと、すべてが異常でした。今の私は、あの当時の自分が信じられません。どうしてあんなことができたのだろうと思いますが、私が自分で犯した罪には違いありません。

私には二人の子供がおります。これから一生を通し、広く世間の皆様に育てていただくことになります。彼らが生きて行く社会がより良いものであって欲しい。そしてその思いは今、すべての子供達に向かっております。子供が巻き込まれた事件を耳にするたびに、我が身を苛《さいな》まれ、いたたまれなくなります。どうか子供達を取りまくこの社会が、少なくとも子供達にとって安全で、より良いものであって欲しい。私は、優貴くんと彩ちゃんのことをよく考えます。そして、自分の罪の重さと悔悟の念からそれを切に願うようになりました。

人生をやり直すことはできませんが、自分のこの罪を通して私も何かできないかと

思っております。もちろん、私の自己満足に過ぎないのですが、時間の許すかぎり、

このような私にもできる事をこれから考えていこうと思っております。

振り返りますと、たくさんの方に御迷惑をおかけし、傷つけてきました。ワールド時代の頃のことも私の消えない罪です。本当に申しわけないことをしたと悔いております。また、服部恭子さん、宮田貴子さんにも心からお詫《わ》び申し上げます。それから御遺族の皆様、そのお心に計り知れない、そして生涯消えることのない傷を負わせてしまいましたことを大変申しわけなく思っております。そして亡くなられた方々に、深く深くお詫びいたします。私の罪が、この命ひとつで償えるほど軽いとは思っておりませんが、どうかそれでお許しください。

最後に、このような大それた事件を起こしましたことで、広く世間の皆様に御迷惑をおかけいたしましたことを心からお詫びいたします」

純子は約十分間、ときおり声を震わせながら、数枚の便せんを読み終えた。傍聴席は水を打ったように静まりかえり、感極まって涙ぐんでいる人もいた。

「では、松永被告、最後の意見を述べてください」

裁判長がそう言うと、紺色のスエット姿の松永は被告席からスックと立ち上がり、足早に証言台まで歩いていき、ワープロ打ちされた文書をいきなり大声で読み始めた。

まずは裁判の進め方への不満をぶちまけ、捜査員の名前をあげて取調べ方法を非難し、検察の論告に対する大批判を展開した。

「私に対してなされた検察官の論告は、純子の供述のみを物語的に取り上げて、のべつ幕なしに延々と書き出しているだけです。死刑になるのを覚悟して供述しているのだから純子の言うことは信用できるという『純子神話』が法廷に現れました。ある著名な作家は『純子については死刑を回避すべきだ』とまで言うようになりました。『純子が語った内容はすべて正しく、批判は許されない』というふうに印象と直感で純子の供述を無条件に受け止める人々は、かつての『天動説』の信者みたいなものです。

検察官は中立・公正な立場で裁判にのぞみ、収集した証拠についても可能なかぎり早期に開示し、純子や監禁被害女性の供述についても客観的に分析すると期待していました。しかし検察官は『天動説』を信じた人々と、何ら変わらぬものと分かりました。

この裁判はイメージが先行し、そのイメージの中で犯罪が語られてきたと思います。世間一般の人たちの頭の中には、先行したイメージに基づいた判決ができあがっているのではないでしょうか。裁判が証拠に基づいて判決を行うものであることを、はっきり示してほしいです。

今後はどんな結果になろうとも、訴訟は続くでしょう。関係資料を整理し、控訴審《こうそしん》に備えます。刑事訴訟法には『事実の認定は証拠による』と書いてあります。判決では、証拠によって何が認められ、何が認められないかを論証し、松永弁護団の最終弁論に誠実に答えてください」

彼の『意見陳述要旨』は、実に十八ページものボリュームがあった。それを大声で読み上げる間、松永は耳たぶや首まで赤くし、証言台に片手をついたり、体を揺すったり、声をうわずらせたり……。その陳述は、指定時間の十分を遥《はる》かにオーバーして約四十分に及んだ。

法律用語を多用しているものの、いつも通りの空疎《くうそ》な喋《しゃべ》りだった。傍聴席からは幾つもの溜《た》め息《いき》が漏れ、深い虚無感に包み込まれるかのような重々しい空気が流れた。松永が、その空疎な弁論を重ねれば重ねるほど、なぜ、こんな男のこんな口先で、これほど多くの人が犠牲になったのか、私は無性に悔しく、やり切れなくなった。

「これで本公判は結審します」。裁判長の声が法廷に響いた。

あとがき

松永太と緒方純子の両被告には、死刑判決が言い渡された。平成十七年九月二十八日、初公判から三年四ヶ月が経《た》っていた。

裁判長は、六件の殺人罪と一件（譽事件）の傷害致死罪の成立を認定したうえで、「松永が首謀者であり、最大の非難に値する」「真摯《しんし》な反省や謝罪の気持ちをうかがうことは全くできない。犯罪性向は強固で根深く、矯正の見通しは立たない」と述べた。

それを聞いた松永は、閉廷後も薄笑いを浮かべて被告席に座ったまましばらく動かず、弁護人のほうを向き、「先生、控訴審《こうそしん》ですよ！　やりましょう！」と拳《こぶし》を突き上げた。高揚している様子だった。そして即日、福岡高等裁判所に控訴の申し立てをした。

松永への死刑判決は、当然の結論だろう。しかし松永がこのまま何ら変化せず、高裁での控訴審、最高裁での上告審を経て死刑判決が確定してしまうとしたら、私は極めて残念だ。

実を言うと、私はいま、松永の何が分かったのだろうかという、悶々《もんもん》とした気持ちかった、と言っても、純子と恭子の証言によって松永の残忍さや狡猾《こうかつ》さは嫌というほどわかったが、肝心の内面については全く分からなかったという虚《むな》しさが、日に日に強まっている。やはり私は、松永自身に、正直に、自らの内面を語ってほしい。前代未聞《みもん》の事件を引き起こすに至った「心の闇《やみ》」を、自己分析してほしい。

松永の尋問期間、私は「あんなメチャクチャな話を聴いて何の意味があるのか」と煩悶《はんもん》し、激しい徒労感に苛《さいな》まれた。しかし純子の供述のみを聴くのはフェアではないと思い、我慢して小倉に通いつづけた。そしてペラペラと喋《しゃべ》りまくる松永の供述記録は膨大な量となり、四苦八苦して本書にまとめたものの、彼の優れた作話能力を紹介しただけという虚しさも禁じ得ない。

供述から本性が見られないのであれば、法廷での松永の表情や態度からはどうだろうかと思い、目を凝らした。しかし、それも雲をつかむようなことだった。彼は変幻自在に表情や態度を豹変《ひょうへん》させる。人好きのする柔和な表情を浮かべて礼儀正しく答弁しているかと思えば、急にふてぶてしい態度になって「お説教してるんですか！」「無礼ですよ！」などと検察官や純子の弁護人を非難したり、急にしおらしい態度になって「裁判長様、ぜひご理解ください」などと哀願したりする。まるでカメレオンである。しかしどれも松永の本性とは言えまい。彼の前妻は私に、こう語った。「恐ろしいときの松永は、蛇のような目つきになるんです」……。そのような冷酷さの片鱗《へんりん》を、作られた姿ではなく、松永の本質の部分を、私は見たかった。

諦《あきら》めの悪い私は、さしもの松永も拘置中は過剰な自己演出を控えて素顔を晒《さら》しているかもしれないと考え、小倉北署の留置場で松永と同時期を過ごしたという中年の男に話を聞いた。

「運動の時間に五人ずつ連なって運動場に行くんだけどね、ちょうど階段の真ん前に松永の独居房があったんだよ。そこを通ると、松永はいつもニコニコしながら正座して、大声で一人一人に『おはようございます』と挨拶《あいさつ》するんだ。帰りも同じように『お疲れさまでした』と挨拶する。俺も前科三犯だからいろいろ見てきたけどね、あんなの初めてだなあ。普通はしょんぼりして、人が通れば顔を隠すもんだ。最初は感心していたけど、あれが有名な松永だと聞いて、『あんな悪いことする奴《やつ》がねえ！』とびっくり仰天したよ。『松永はずいぶん愛想が良いですね』と職員に言ったら、『あの馬鹿《ばか》野郎、反省の色がまったくない』と怒ってたよ。冷やかしのつもりで『松永さん、頑張れよ！』と声をかけたらね、嬉《うれ》しそうな顔をして、『はい、ありがとうございます！』なんて頭を下げるから、思わず吹き出してしまった」

このような礼儀正しい振る舞いは、小倉拘置支所に移動してからも一貫しているらしい。

私はふと、松永という男は、血の通っていない怪物にちがいないと、本気で思いたくなる衝動に駆られる。それで自分を納得させられれば、どれほど気分が楽になるだろうかと思う。しかし、私が目の前にしてきた被告人・松永太は、あくまでも人間なのだ。そうである限り、死刑確定前に劇的な変化が彼に訪れ、自らの「心の闇」を法廷で赤裸々に語りだすという微《かす》かな望みを、私はいまだに捨て切れないし、これからも捨てるつもりはない。

そして、緒方純子に対する死刑判決。「松永に意思を抑圧され、自己の意思に反して犯行に加担したと見る余地はない。緒方は松永の意図に完全に同調し、松永の指示を受けつつも、積極的で主体的な意思で犯行に加担した」と、裁判長は責任の減軽をいっさい認めなかった。

死刑判決を言い渡された後、純子は裁判官に深々と頭をさげ、閉廷後は三人の検察官に挨拶して回ったが、顔面は蒼白《そうはく》だった。弁護人によれば、純子は松永の支配に対する裁判官の判断などに落胆すると同時に、「積極的犯行」とされたことで、やっぱり自分は酷《ひど》い人間だと、自信を喪失していたという。しかし控訴するか否《いな》か迷いに迷っていた彼女を弁護人が強く説得し、控訴期間の最終日に純子は、弁護人の名義による控訴の申し立てを承諾した。

私自身はこの判決に、ひどく失望した。松永と純子の支配関係に対する洞察がまったくない。たとえば裁判官は、「緒方には各犯行を回避する道がいくらでもあった」と指摘したが、それはあまりにも虐待《ぎゃくたい》被害者の心理を無視した見方だ。純子は〝通電地獄〟によって徹底的に恐怖心を植え付けられ、判断力・批判力が著しく低下し、心理的服従を余儀なくされていた。これは、純子だけではなく、緒方一家全員に当てはまる。だからこそ、元警察官の主也でさえ抵抗も逃亡もせず、松永の殺害指示に従ったのだ。それほど、松永の支配術は完璧《かんぺき》だった。ましてや二十年も暴力を振るわれ続けた純子がひとり歯向かうことなど、到底不可能だと考えるのが普通だろう。それを、純子は松永に同調し、積極的・主体的に殺害に関与したと見るのは、非常に安易ではないだろうか。純子や殺し合った緒方一家の心理に対する合理的説明がまったくない、まさに臭い物には蓋《ふた》をするかのような判決だと思う。

実は判決前日、私は純子に接見する機会を得た。

公判を聴き始めてから私は、純子の心境を知りたいという思いが募り、彼女への接見を申し込んでいた。しかし、重罪犯であるために接見は禁止され、手紙のやりとりも許可されていなかった。私は本の差入れだけを続け、差入れ申請書の続柄の欄には

「支援者」と書いた。すると弁護人から連絡があり、「差入れには感謝しておりますが、あなた様が『支援者』と書かれているので大変困惑しています。私は支援されるような人間ではありません」という純子のメッセージを伝えられた。私はDVに関する自著を弁護人に渡して自分の考えを説明し、気紛《きまぐ》れで「支援者」と書いているわけではないと理解してもらった。そして判決前に、親族と支援者のみに接見が許可されたとき、二十分間の接見時間をもらったのだった。

「事件の内容に立ち入る話は禁じる」という条件付きではあったが、透明なアクリル板の仕切りをはさみ、私たちはいろいろな話題で言葉を交わした。

「何冊も本を差し入れてくださって、本当にありがとうございます。感謝しています。でも、たくさんお金を使わせてしまって申しわけありません」

穏やかな表情で接見室に入ってきた純子は、まずそう言って、深々と頭をさげた。

私が差入れた本の中では、特に『それでも人生にイエスと言う』を愛読しているという。著者のヴィクトール・フランクルは、オーストリア生まれのユダヤ系の精神科医。第二次世界大戦中、ナチスにより強制収容所に送られ、戦後まもなく収容所体験記『夜と霧』を記して世界的なロングセラーとなった。『それでも』はウィーン市民大学での講演録であるが、極限の苦悩と絶望を乗り越えて生きる意味を見出《みいだ》してきたフランクルの思想が易しく説かれている。

「あの本を心の支えにしています。証言が辛《つら》くなったとき、何度も何度も読み返しました」と純子の口から聞いたときには、彼女の置かれていた状況が私の想像通りであることが分かった。

純子は終始にこやかで、よくしゃべり、二十四時間後に死刑判決を言い渡されるかもしれない刑事被告人の悲壮感はまったく見当たらなかった。

「今の心境ですか？　それが妙に落ち着いていて平常心なんです。最初からどんな刑になるのかわかっていますから、公判のときと何も変わりません。判決間近になってぜんぜん緊張しないのは、不謹慎かもしれないですけども……」

そう言って純子は、口元にハンカチを当てて笑った。私は意外な笑顔に驚き、法廷での重々しい印象とは全く違うことを伝えると、本当は喜怒哀楽が激しいんです、と自分を評した。

「事件当時の暮らしでは、ぜんぜん感情を表に出せなかったんですけど、いまはできるようになりました。逮捕されて、弁護士の先生や警察の方々と話すうちに変化していきました。松永からは『俺以外の人間は誰も信用するな』と脅かされ続けていましたから、それが刷り込まれていて、こんな私を支援してくださる方々のことも初めは疑っていました。だけど、今はやっと人を信用できるようになりました。だから、豊田さんにも会いたいと思ったんですよ」

拘置所での生活について訊《き》くと、まるで天国だという。

「食事もできるし、お風呂《ふろ》にも入れるし、トイレにも自由に行かせてもらえる。読書の時間さえあるんですから……。ただ、贅沢《ぜいたく》を言えば、もっとたくさんの人と面会できたらと思います。たとえ拘置所の中でも、人とお話しできるのが、今の私にとって何よりの楽しみなんです」

私は、松永に対する思いに水を向けた。すると純子は、多少しんみりとして、「怒りはありますけど、憎しみは湧《わ》いてきません。なぜだかわからないけれど……」と語った。松永に対する愛情がまだ続いているのかという私の問いには、

「いいえ、それは全くないです。ただ、彼の様子を見ていると、哀れになります。松永は猜疑心《さいぎしん》の固まりのような人間なんです。私もなぜ彼が私の家族を全員殺そうと考えたのか、その心の奥底のことはわかりません。だから、無理とは思うけれども、本当のことを正直に話してもらいたいです。そして、人を信用できる心を取り戻してほしいです」と述べた。

この公判は当初、両被告を分離して尋問を進めると決まりかけていたが、純子が

「最後まで松永という男を見定めたい」と切に希望したため、分離案は撤回されたという経緯がある。そして第一審での松永の供述と態度のすべてを希望通りに見定めた純子は、検察官から感想を問われたとき、「ぶざまだと思います」と一言で切り捨てた。しかし、その厳しい言葉も、松永に目覚めてほしい、控訴審では態度を改めてほしい、という願いを込めて言い放ったように思えてならなかった。接見の中で、そうした純子の気持ちを確認できた。

最後に、どうしても純子に伝えたいと思っていたことを、私は切り出した。

「判決がどうであれ、これからも事件当時の異常な心理についてもっともっと深く考え抜いて、できるかぎり言葉にして、遺族に伝えていくべきだと思うんです。遺族もそれを望んでいると思います」

このとき私の脳裏に浮かんだのは、証人出廷した主也の実母の言葉だった。息子、嫁、二人の孫を失った老女は、証言台の前で背を丸めて座り、声を震わせて、こう語った。

「(出産のときに)お腹《なか》を痛めたことがある者として、(同じ経験がある)緒方に聞きたいです。彩から『何も言いませんから、お父さんの実家に帰してください』と言われたときに、どうして同じ年頃の子供を持つ母親として、子供の気持ちを感じてあげられなかったのですか」

おそらく遺族に配慮したのだろう、その日、被告席の純子は黒のブラウスに黒のスカートという喪服のような服装だった。そして主也の母親が話している間、ずっとハンカチで目頭を押さえ、肩を震わせて号泣していた。

私はその様子を傍聴席で見つめながら、純子は生涯をかけて、遺族のやりきれない疑問に答えていくべきだと思った。いくら言葉を尽くしても、彼女の罪の重さは変わらず、遺族が許すこともないだろう。しかしそれでも贖罪《しょくざい》として、可能なかぎり言葉で答えていくべきだ、と思ったのだ。

「私の力では、それを表現するのは難しいです。ただ、色々な方々と話すことで、事件当時に分からなかったことにたくさん気づかされます。私の限られた時間の中で、できるかぎり言葉にしていこうと思います」

透明な仕切りの向こう側から、純子は私の目をまっすぐに見つめた。

私はそのとき、純子が人間らしさを取り戻したことが、この比類のない残虐な事件を取材してきた私自身にとっての「救い」であると確信したのだ。

最後に、本書を担当してくださった新潮社ノンフィクション編集部の笠井麻衣さん、企画・構成についてアドバイスをくださった同社新書編集部の後藤裕二さん、取材に協力してくださった地元記者の方々、および関係者すべての皆様に、心より感謝の意を表したい。

豊田正義

平成十七年九月二十八日

控訴審判決と緒方純子からの手紙――文庫版あとがきにかえて――

拝啓

菊花薫る頃となりました。小倉でお会いしてから二年……お元気ですか？ その節は大変お世話になりました。お手紙差し上げてよいものかどうか、あれこれ悩み迷いましたが、思い切ってペンを執ります。どうしても、どうしてもこれまでの事をお伝えし、感謝の気持ち、そしてお礼を申し上げなければ収まりがつきません。御迷惑かもしれませんけれども、私の我儘《わがまま》、一度だけお許し下さい。

まず最初に、ご連絡先を××さんの方にお尋ねした身勝手お詫《わ》び致します。豊田さんの御迷惑も考えず申し訳ありませんでした。ご勘弁下さい。

本書を単行本で出版してから二年後の平成十九年十月下旬、北九州・連続監禁殺人事件の被告である緒方純子から私のもとに手紙が届いた。

その一ヵ月前の平成十九年九月二十六日に福岡高等裁判所で、松永太と緒方純子に対し、控訴審の判決が下されていた。判決後、緒方純子は拘置所から手紙を送ることを解禁され、私に礼状を送ってくれたのである。

純子の手紙について書く前に、控訴審の内容について説明しておきたい。

一審の判決後、両被告の弁護団は総辞任した。弁護団は週一回ペースの長期間の審議や事件内容の複雑さなどに疲労困憊《こんぱい》したのであろう。新たに国選弁護人が選ばれ、両被告の弁護団が結成された。

控訴趣意書による主張は、松永側は「殺害の指示も実行もしていない松永被告は無罪である」と一審同様であったが、純子側は一審から劇的に変化した。「松永被告の激しい暴力によって緒方被告は判断力が喪失し、犯行の道具として利用された」として、純子側も無罪を主張したのだ。

純子の弁護団が責任能力の有無を争点化しようとしているのは明らかだった。刑法の第三十九条に「心神喪失者の行為は、罰しない」と定められているように、犯行を認めている被告人が無罪を言い渡されるためには、刑法上「責任無能力」とされる「心神喪失」が裁判官に認められなければならない。純子の弁護団は、犯行時の純子の精神状態が「心神喪失であった」と立証しようとする非常に強気な方針を打ち出したわけである。

一審公判の大半を傍聴した私からすると、この純子側の無罪主張は無謀に思えたが、「法廷戦術としては得策かもしれない」とも考えた。この主張であれば必ずや「暴力の心理的影響の解明」、すなわち一審ではほとんど無視された事件の核心部分がようやく審議される。

その結果、心神喪失まで認められないにしても、純子の判断力が著しく低下していたことが認められれば、減刑の理由となり、死刑は回避される可能性が出てくる——これが純子の弁護団の真の狙《ねら》いなのではないかと私は推測した。

地元紙の報道によれば、純子自身は極刑を受け入れる覚悟に変わりはなかったという。しかし彼女は、「自分も含めて緒方家の人間がなぜ松永に服従して残忍な犯行に及んだのか、その理由をきちんと解明してほしい。暴力の影響や支配構造をはっきり認めてほしい」という一心で弁護団の控訴に同意した。極刑を受け入れる覚悟を持っている純子にとっては、事件の核心部分を解明するために控訴審で証言することが自分の最後の使命と考えていたのかもしれない。

平成十九年一月からいよいよ控訴審が始まった。ところが、私はこの年に突発性難聴という病気を患《わずら》ってしまい、飛行機で東京から福岡に通える健康状態ではなく、そのうえ、ある著名人の評伝の雑誌連載を抱えていたので、全九回の控訴審を傍聴できなかった。やむなく新聞で審議内容の情報を収集しようとしたが、九州版の新聞でさえ控訴審の内容を伝える記事を掲載していなかった。聞くところによると、記者席はガラガラだったという。

どの有名事件でも一審の報道と比べて控訴審の報道は格段に少なくなるのが通常である。そのうえ北九州・連続監禁殺人事件は、非常に報道が難しいという話を私は新聞記者から聞かされていた。第一の理由は、あまりにも残酷な内容なので表現方法が極めて困難であること。たとえばこの事件を精力的に取材して新聞連載をした記者は、「朝から気持ち悪くなる記事を読ませるな!」という読者のクレームを受けたという。第二の理由は、遺族がアクションを起こさないこと。オウム事件、池田小児童殺傷事件、光市母子殺人事件など全国的に知られる有名事件は、被害者の家族がマスコミに登場して加害者への憎悪《ぞうお》や判決の不当性を訴えることがニュースとなる。翻《ひるがえ》って北九州・連続監禁殺人事件は、家族同士が殺し合ったという理由により遺族が少なく、親類縁者も沈黙しているため、報道の対象とはならないという。

私も報道側の人間なのでそういう事情は痛いほどわかるが、地元マスコミには控訴審の行方に関心を持っている人々が全国に多数存在することを認識してほしかった。

たとえばインターネットの掲示板サイト『2ちゃんねる』ではこの事件専門のスレッドが立ち上がり、本書や新聞記事などから得た情報をもとに活発な書き込みが行なわれ、真剣な論争も展開されている。個人ブログでの意見表明もこの事件に関しては非常に多い。それらの書き込みに目を通して気付くのは、「緒方純子は死刑にすべきかどうか」という問題意識を持っている人が多く、半々くらいで意見が分かれているということだ。それこそが控訴審の本質的な争点となったのであるから、全国的なニュース価値は十分にあったのではないかと私は思う。

判決の翌年、私は遅ればせながら控訴審の様子を取材するため福岡に赴いた。そして控訴審の傍聴を続けた甲木《かつき》京子さんと石本宗子さんから純子側の尋問の様子を詳しく聞き、改めて一審との格段の相違を知った。

甲木さんと石本さんは、福岡の女性団体『NO!SH(ノッシュ)』のメンバーである。性暴力被害者の支援活動をしている『NO!SH』は、一審の途中から純子の支援に乗り出し、弁護団と連携を取りながら純子の心理鑑定を引き受ける精神科医を探したり、純子の減刑を求める要望書を裁判所に提出するなどの活動を行なってきた。

その二人の話によると、一審では純子の弁護団さえ使用しなかった「DV」という言葉が、控訴審では最初から多用されていたという。純子の弁護団はDVの実態を明らかにするために、交際直後の松永の暴力から詳細に純子に語らせていった。純子は幼稚園勤務時代に自殺未遂を起こしたが、弁護団はその頃の暴力を特に重視した。

甲木さんは「その結果、性的な暴力の実態までが明らかにされました。一審では緒方被告は自身が受けた暴力について、あまり語っていません。控訴審では主任弁護人となった女性弁護士が緒方被告をうまく誘導していき、松永被告の身体的・心理的暴力に加え、性暴力がいかに酷《ひど》かったかを証明したのです」と指摘した。

この女性の主任弁護人は、陵辱されている純子の姿を松永が撮影した写真を法廷に持ち出し、純子に見せながら詳しく説明させたという。男性だったら躊躇《ちゅうちょ》してしまうことだ。このような写真は現場検証で押収《おうしゅう》されたものだが、一審では弁護団も検察官もまったく触れずじまいだったのである。

ちなみに性暴力以外にも新たに明らかになったDVの実態は数多くあったという。たとえば純子は相当にハスキーな声をしているのだが、私はそれが地声だと思っていた。しかし控訴審で純子は、「松永から喉《のど》に空手チョップを何度も受けて、声帯が潰《つぶ》れてしまいました」と初めて明かした。

純子は「松永との関係が『内縁関係』と言われることには違和感があります。私自身はそのような認識を持ったことは一度もありません。最初から上下関係しかなかったと考えております」と断言したという。

また、控訴審の展開で特筆すべきなのは、一審では一顧だにされなかった純子の心理鑑定の結果に対し、裁判官がじっくりと耳を傾けたことだ。一審の途中で純子の心理鑑定を行なった筑波大学大学院教授の精神科医・中谷陽二氏が証人出廷したのである（中谷氏の鑑定書については第八章で既述）。

純子の弁護団にとって鑑定医への尋問は、控訴審の最大の山場だったにちがいない。鑑定医の証言が純子の責任能力を判断する有力な証拠になり得るからだ。

中谷氏の証言はいかなる内容であったのだろうか。甲木さんは傍聴メモをもとにこう解説した。

「中谷さんの証言では、長期間にわたる虐待《ぎゃくたい》の影響として、緒方被告には『人格の変化』と『解離症状』が見られたということです。解離症状は、感情が麻痺《まひ》して『現実感がない』『記憶がない』という症状が表れることで、そのような状態になると、虐待する側の価値観を取り入れてしまうことになると中谷さんは指摘しました」

純子の症状について説明をした後、中谷氏は純子の責任能力について意見を述べたという。ここで最も注目すべき点は、裁判官から純子の責任能力について質問されたとき、中谷氏は「この事件にはなじまない」という表現で責任能力を否定したことである。さらに純子の責任能力を松永と同等に認めた一審の判決について中谷氏は、「この事件の本質には入っていない」と批判した。

これらの鑑定医の証言が裁判官の心証に与えた影響は大きかったであろう。裁判官はこの後、DV被害者支援の専門家の証人出廷までをも認め、DV被害者の心理状態の解説に耳を傾けた。

このとき証言台に立ったのが、石本宗子さんである。石本さんは民間支援グループ、または公的機関の相談員として被害者支援に長く関わってきた経験を踏まえ、こう証言したという。

「DVがどういうものであるのかという初歩的なことから話したのですが、私が特に言いたかったのは『逃げられない状況こそがDV被害の最大の特徴である』ということです。徹底的に孤立化させられていた緒方被告が松永被告から逃げられなかったことは、私が接してきた多くのDV被害者と共通することで、決して特殊なことではないと話しました」

さらに石本さんは、裁判官から「被害者が加害者に転じるケースもあるのですか」と質問されたとき、被害者が加害者を殺害するケースや、加害者の指示に従って第三者への虐待や殺害などを行うケースがあることを説明したという。

裁判官が心証を固めていくうえで、このような石本さんの証言も大きく作用したことだろう。私の推測では、純子の弁護団から申請された石本さんの証人出廷を認めた時点で、裁判官は純子への減刑をほぼ決めていたのではないかと思う。そうでなければ、DV被害者支援の専門家を法廷に呼ぶという「特例」が認められるとは考えにくい。

世の中にDV被害者が加害者に転じて殺人を犯した事件は幾多も発生しているが、私の知る範囲では、こういう証人出廷のケースは見たことも聞いたこともない。たとえばシェルターに逃げ込んだ被害者が夫のもとに戻ってしまったがために殺人が起きたという事件で、シェルターを運営するDV被害者支援の専門家が証人出廷した公判は過去にあった。しかし事件当時に被告人に関わっていたわけではないDV被害者支援の専門家が証言台に立ち、DVの初歩的な説明からしゃべり始めて被告人の情状酌量を訴えたという公判は前代未聞《みもん》ではないだろうか。控訴審の裁判官はそこまで深く踏み込んでDVの影響を明らかにし、可能なかぎり判決に反映させようと意図したとしか思えない。

この裁判の流れを取材して、私は、純子の減刑を認める判決が下されたのは必然的な結論であったとの印象を強く受けた。

判決は「（一連の事件は）松永被告の首謀のもと、被害者らを言葉巧みに取り込んで互いに監視・密告させ、対立させせつつ繰り返し実行された」と認定し、一審判決と同様に松永を首謀者と断定。そのうえで純子の役割については、「松永被告の意図を察知して行動することを繰り返す過程で、犯行に積極的に加担し、重要な役割を果たした」として、やはり一審判決と同様に松永との共同正犯を認めた。最大の争点であった純子の責任能力については、彩と優貴を親戚《しんせき》に預けようと純子が松永に提案したことなどを理由に、「是非善悪の判断能力に問題は感じられない」と責任能力を認め、純子の弁護団の主張である「心神喪失」を否定した。

しかし一方でこの控訴審の判決は、犯行時の純子の心理状態について、「松永被告による通電などのドメスティック・バイオレンスの強い影響下にあった」「本意とは考えられない殺人の実行行為や死体の解体作業に関与させられるなど、長年にわたって松永被告の手足として汚れ役を強いられた」「強い恐怖心から松永被告の指示に追従した」と指摘し、「正常な判断力がある程度低下していた可能性は否定できない」と、純子の判断力の低下を認定した。さらに「逮捕後、自らの記憶の範囲で隠し立てせず自白し、事件解明に寄与し、真摯《しんし》な反省状況から人間性を回復している様子がうかがえる」「情状は松永被告とは格段の差がある」と、純子の減刑の理由を次々に示していった。

そして判決は最後に、「緒方被告に対して極刑はちゅうちょせざるを得ない。無期懲役に処し、贖罪《しょくざい》の生活を終生送らせるのが相当である」との結論を導き出したのだ。

控訴審の裁判長に対して「情が深い」と感想を述べる人が多いが、私は「情」よりもむしろ「理」による判決なのではないかと思う。

善良な市民である緒方家の人々が松永の指示で殺し合ったことについては、もともと一審の検察官の論告でさえ虐待の影響と支配関係を認定していたが、二十年間もの長きにわたって虐待を受けていた純子へはそれを認めないという大矛盾を抱えていた。さらに一審の判決に至っては、臭いものに蓋《ふた》をするかのように一家の殺し合ったことの原因には触れず、わかりやすい事実関係だけをつなげて構築した短絡的論理で純子に死刑を宣告した。

これらとは対照的に、控訴審の裁判官はもっとも不可解な事件の核心部分を解明しようとする意志を貫き、合理的な思考を冷静に突き詰めていったのである。その結論として純子の死刑回避を裁判官が決断したのは、〝理の当然〟であったと私は考える。

新聞記事によれば、控訴審の最後の発言で「暴力を受け入れた昔の自分が憎いです」と涙で声を詰まらせた純子は、無期懲役を言い渡された瞬間、正面の裁判長を見据えたまま表情を崩さなかったという。しかし閉廷直後の弁護団の接見では、「思いがけない判決で頭が真っ白になっている」と動揺を隠しきれない様子だったという。

一方、松永は、裁判長による判決文の朗読中、純子に対する減刑理由のくだりに入ると、みるみる顔を赤らめ、それまで熱心にメモ書きしていた手を止め、ノートとボールペンを袋の中に放り込んだ。そして「緒方被告を無期懲役に処す」との声が法廷に響き渡った瞬間、松永は怒りを隠すためだろうか、小さく二、三度うなずき、耳朶《みみたぶ》まで紅潮させた顔に薄ら笑いを浮かべたという。

また、純子の弁護団は記者会見で、「事件の実態や背景をつぶさに検討した結果が表れている」と判決を高く評価した。やはり弁護団の狙いは無罪主張を押し通して、最終的に無期懲役判決を引き出すことにあり、その法廷戦術が見事に成功したのである。

しかし当然のことながら、検察官は記者会見で、「共同正犯と責任能力を認めておきながら、緒方被告に極刑を適用しないのは承服できない」と怒りをあらわにし、最高裁へ上告した。松永も死刑判決を言い渡された後、法廷内で「証拠評価を誤った不当な判決だ」と弁護人に耳打ちし、即日上告した。

控訴審の説明が少し長くなったが、冒頭の純子の手紙に戻ろう。時候の挨拶《あいさつ》、私の住所を第三者から聞いたことを詫びる文の後、純子は無期懲役判決への心境をつづり、私への感謝の気持ちを伝えてくれた。

今回の控訴審の判決についてはご存じですよね？

検察官の方で上告されましたので、これから上告審です。それも当然、と思っていますので動揺はありません。私の方は判決を大変有り難いと思っていますし、量刑については恐れ多いとも思っています。

一つひとつを精査すれば、誤認はまだありますけれど、私が控訴趣意書で訴えたその骨子についてはきちんと洞察していただき、丁寧に答えていただきましたので、心情的には満足しています。何と言っても、私は罪を犯していますので、これ以上の不服は道義に反すると感じています。

ただ、この事件の特徴である「通電」（電気ショック）の影響を知りたい、解明したいという思いは今も強く持っています。通電がなかったら……これは、もしかしたらあまりよろしくない意識（無意識の責任回避）から湧《わ》いてくる思いなのかもしれませんけれども、どうしても納得できない、私自身が釈然としない（自分自身についてです）ので（事実は事実としてはっきりさせたい、との思いがあるので）これから気長に考えて行こうと思っています。

それでは、これまでの事について簡単にお伝えします。

九月二十六日に終結した控訴審、この判決（異例）の結果を遡《さかのぼ》り手探って行けば、豊田さんに辿《たど》り着くことを豊田さんご自身はご存じでいらっしゃいますか？　私は一審の頃から豊田さんとの出会いの意味を感じて来ましたし、福岡に移ってからもいつもいつも考えていました。そしてこの結論です。今、その意味は重さを増しています。私にとって大きな僥倖《ぎょうこう》だったと思っています。いいえ、豊田さんのおかげ、本当に感謝、その一言です。

豊田さんは、私の疑問を真剣に受けとめ、一生懸命に調べて下さったでしょう、本当に嬉《うれ》しくて。それで私も気力が湧いたんです。

私のDVに最初に気付いて下さったのは豊田さんです。もしかしたら他にもいらっしゃったのかもしれないけど、実際に動いて下さったのは豊田さんだけでした。もし豊田さんとの出会いがなければ、この様な展開はなかったはずです。

このような言葉に私はひどく戸惑った。私はあくまで執筆という自分自身の仕事のために調査したのであって、純子が言うような動機を抱いて調べ始めたわけではない。ただ、自分が見つけた資料の多くを一審の純子の弁護人に手渡したり、拘置所で純子に差し入れたりはした。調べれば調べるほど、この事件の解明にDVの知識は欠かせないと思ったが、一審の裁判当事者にその認識は皆無だったので私は失望し、純子側に働きかけてDVの影響を法廷で表面化させてほしいと願ったのだ。取材者として行き過ぎた行為だったかもしれないが、失望したまま終わらせたくないという気持ちは抑えきれなかった。

純子がもっとも解明したいと望んでいた「通電が人間の心理に与える影響」についても私は調べて、純子側に資料を提供した。それはアメリカ人の歴史学者が古今東西の様々な拷問《ごうもん》方法を紹介している翻訳書で、通電拷問についてもアフリカの一部の国の用例を示しながら考察が加えられていた（本書への引用は字数の関係で割愛した）。

純子の手紙によれば、これらの資料の一部と本書内の記述の一部はめぐりめぐって控訴審の裁判当事者に行き渡り、公判資料として活用されたという。

律儀《りちぎ》にも純子はその経緯を詳しく説明してくれたので、私はお礼を書いて返事を送った。以来、彼女との文通が始まった。

純子の手紙はいつでも丁寧《ていねい》に時候の挨拶から始まり、こちらの体調を気遣う言葉で締めくくられていた。毎回の便箋《びんせん》の枚数はかならず七枚であった。拘置所の規則で手紙の長さの限度が便箋七枚と決められているからだろう。そして制限いっぱいいっぱいに、女性らしいきれいな文字が綴《つづ》られている。

どの手紙からも、人間らしさを取り戻した純子の真心が伝わってきた。どこをぶった切っても底知れぬ暗黒の世界しか視《み》えてこない取材の過程で、唯一《ゆいいつ》の救いだったのが、法廷で感じられる純子の人間性の回復であった。だからこそ私は、回復の証《あかし》とも言える真心のこもった手紙を純子から受け取ることに深い感慨を覚えた。

もっとも印象深かった一文は、控訴審の判決から約一年後に届いた手紙の中で、遺族や子供への思い、生死の感覚の変化、贖罪の意識から信仰にすがろうとする心境などが渾然《こんぜん》一体となって綴られているくだりである。

ご遺族の方々や子ども達には〝生きている間にできること〟をとにかく、手探りでも自分の気持ちを伝えて行こうとは思っています。でも、ご遺族の方達もご高齢ですから、そのことを考えるとすごく不安になります。いつまでもお元気で居ていただきたい、そう思うのです。最近、人の生死にとても敏感になりました。喪失感を味わうのが怖いんです。自分でも信じられないくらい臆病《おくびょう》になりました。

私が犯した罪はとても重い、そのことを痛感しています。この世での免罪符などありませんけれど、与えられた時間の中で身を削るように生き、できるだけ何も残さず死んで行きたい。

そして、もし輪廻《りんね》転生があるのなら、最低のところから再びやり直そう！

未知の世界ですから保証はないのだけれど、贖罪の機会はきっと与えてもらえると信じることにしました。

永い永い時間を経て、いつか、いつの世かで這《は》い上がり、今の私より少しはマシな人間になれることを希《ねが》っています。そのための〝今〟だとも思うので、生きられる間は精一杯生きようと思う次第です。

純子はこの手紙の中で、被害者七人に対し、「皆に逢《あ》いたい、話がしたい、謝りたい」と願いつづけていることも明かしている。この願いに対する彼女の感情は大きく揺れているらしい。一方では「本当に逢えるような気持ちになるときがあります」と嬉しそうに書き、他方では「本当に逢えると思っている自分は、どこかで七人が亡《な》くなったことを受け入れてないような気がします。罪を犯した人間として私は倒錯していると思います」と、自身を責めたてるように自己分析している。

ごくまれに松永についての記述も見受けられた。控訴審の判決以後、法廷で松永と顔を合わせる必要がなくなった純子は、松永から解放された歓《よろこ》びに浸っているようだ。

控訴審の最中は、松永の支配の恐怖から純子は逃れていなかった。純子と松永は刑務官を挟んだ少し離れた席に横並びに座り、一度も目を合わせることはなかったが、純子の証言中に松永が背後でボールペンか何かを落とした瞬間、純子の頭は真っ白になったという。その音が「しゃべるな」という松永の指示に感じられたのだ。

こういう恐怖心を聞いていた私は、次の一文を読んだとき、心から安堵《あんど》感を覚えた。

ようやく松永から離れることができ、自分らしく生きる時を与えてもらったことへの感謝を抱いています。だから、陳腐な言葉と思われるかもしれませんが、私は自分の人生を生きてみたい。

純子はこう書いているが、もちろん、彼女の身は自由であるはずがない。無期懲役が確定したとしても仮釈放が認められるまで、通常二十年を超える服役を果たさなければならない。客観的に見れば、「自分らしく生きる」「自分の人生を生きてみたい」

というポジティブな気持ちを抱けるような境遇ではなく、この言葉は虚偽か妄想かのように思える。しかし松永の支配の恐怖を味わい尽くしてきた純子にしてみれば、たとえ長期の服役であっても十分に自由の歓びを感じられる生活なのであり、本心として「自分らしく生きる」「自分の人生を生きてみたい」との心境に達したのであろう。

この純子の言葉は背景をよくよく考えないと、非常に誤解を招く言葉である。そして背景を想像しながら改めて読むと、あまりに切ない言葉である。

私は本書を文庫化するにあたり、「あとがき」で彼女の手紙の一部を読者に公表したいと思った。私だけではなく読者にも、生の言葉を通して純子の人間味を感じてほしいからだ。

控訴審の判決から一年二ヵ月後の平成二十年十一月、私は福岡拘置所を訪ね、純子に面会を申込み、手紙の公表の許可をもらうことにした。

福岡拘置所の面会室のドアを開けて中に入ると、透明アクリル板の向こうに座っている純子が笑っていた。しかも隣に刑務官の姿はなく、彼女はひとりだった。私が彼女の前に着席した後も、クスクス笑っている。

「刑務官の人が『タイマーを忘れた！』と言って飛び出していったんですよ。あんまり慌《あわ》ててるから可笑《おか》しくって」

私は純子から理由を聞かされて、緊張がスーッと抜けていった。

「そうだったんですか。じゃあ、少し長く話せますね」

「そうそう」

純子はふたたび笑った。その顔を見ていると、私にも笑いがこみ上げてきた。忘れ物をした刑務官のおかげで、三年ぶりの再会がのっけから和やかな雰囲気に包まれた。

一審の時と変わっていないおかっぱ髪。頬はずいぶん痩《こ》けたが、顔色は非常に良い。そして何より、表情が底抜けに明るい。ここが拘置所であるとは信じ難い気分だった。

刑務官が戻ってきて純子の隣に座り、タイマーを押した。許された面会時間は十分である。

まず、本書が文庫化されることを告げると、純子は非常に歓んでくれた。三年前の出版直後に一審の主任弁護人にお願いし、本書を純子に差し入れてもらったので、彼女は内容をよく知っていた。

手紙が解禁されてから感想文も送ってくれた。だが、その感想は私には意外なものだった。

「私を擁護するような内容でしたので有り難い反面、豊田さんの所に苦情が殺到したり、豊田さんへの非難ごうごうという状況等でご迷惑をおかけしているのではないかと心配しております」

そう純子は書いていた。無論、この心配は杞憂《きゆう》である。本書を最後まで熱心に読んでくださった読者の大多数は、純子を死刑から回避すべきという私の主張に賛成してくれた。苦情や非難などは、まったくと言っていいほどなかった。

私は返事でそのことを詳しく知らせたので、純子は文庫化についても安心している様子だった。私が手紙の公表の許可を乞《こ》うと、「私の手紙なんて……」と恥ずかしそうにしていたが、最終的には「公表してもいいですよ。どこを引用するかは豊田さんにお任せします」と承諾してくれた。

あまりにも短い面会時間なので、この本題以外にはほとんど会話を交わせなかったが、最後に「いちばん嬉しい近況」として、純子はあるエピソードを教えてくれた。

純子がＤＶ被害者であると知った女性たちが福岡拘置所を訪れて純子と面会したり、手紙を送ったりするようになり、互いに励まし合いながら交流が進んでいるという。彼女たちもＤＶ被害の経験者であり、中には夫の暴力から逃れて自活するために、就職先を探している人もいるという。

控訴審の意見陳述で純子は、「この裁判を通して、多くの人に暴力の問題を考えてほしいです」と語ったが、その願いが思わぬ形で実現してきているのだ。

「私のような人間に悩みを打ち明けてくれるなんて、信じられないくらい嬉しいです。生きていて良かったと、今は毎日思っています。これからもずっと生きていきたいです」

純子はアクリル板の向こうから私の目をまっすぐ見て、晴れやかな、ほんとうに一点の曇りもないほど晴れやかな笑顔を浮かべた。

このような自身の役目に純子が気付いたことは、ある意味、彼女なりに社会への償い方を見いだしつつあるということかもしれない。

最高裁の判決は刻一刻と近づいている。私も純子に生きつづけてほしい。生きつづけて被害者や遺族への贖罪を果たしてほしい。生きつづけて可能なかぎり世の中に貢献してほしい。そういう彼女の人生そのものが、絶望的な状況にいる多くの人々に希望をもたらすのは間違いないのだから。

最後にこの場を借りて、手紙の公表を許可してくれた緒方純子被告、控訴審の情報提供をしてくれた甲木京子さんと石本宗子さんに深く感謝の意を表したい。

平成二十年十一月二十六日

豊　田　正　義

解説

岩波明

アーサー・ウィリアムズという正体不明の作家の作品に、『この手で人を殺してから』という短編ミステリがある。本書を一読して、まずこの小説が頭に思い浮かんだ。日本ではあまり知られていないが、世界の短編ミステリのオールタイム・ベスト5に入るという一編である。

なぜ思い浮かんだかといえば、小説で描かれた犯行後の死体処理の方法が、本書の事件とよく似ていたからである。『この手で……』の舞台は、南アフリカの農場である。殺人を犯した犯人は、死体を農園の機械で肉も骨もミンチ状にし、さらにそれを飼育している鶏のエサにしてすべてを処分してしまった。

この小説は筆者が実際に犯した殺人事件をモデルにしたと言われており、短編ミステリのコンテストで入賞した後も、著者の正体は明かされなかったという曰《いわ》くつきのものである。

一方で本書は、過去に例を見ない凄絶《せいぜつ》な連続殺人事件の真実を、きめ細かい取材によって浮き彫りにした類《たぐい》まれなドキュメンタリーである。事件の犯人である松永太が行った死体処理は、小説に描かれた内容と同様のものであった。自らはほとんど手を下さなかったとはいえ、松永は被害者の身体を細かく切り刻み、長期間煮込んだ後にミキサーにかけてからトイレなどに遺棄《いき》した。本書によれば、現場のマンションは長く異臭が漂っていたというが、この犯行の隠蔽《いんぺい》工作は成功し、監禁されていた少女の「脱走」がなければ、事件の真相はいまだに明らかにされなかったであろうし、被害者はさらに増えていただろう。

死体の処理について松永は、「私の解体方法はオリジナルです。魚料理の本を読んで応用し、つくだ煮を作る要領でやりました」と、胸の悪くなるような話を自慢気に語った。二〇〇八年四月にも江東区のマンションで、二十三歳の女性が隣人によって殺害後、遺体を細かく切断されトイレなどに遺棄される事件が起きている。こうした死体の隠蔽方法は、ヒトの身体を物のように扱える犯人にとっては、案外と容易なことなのかもしれない。

本書が追った連続殺人は、日本の犯罪史上類を見ない残虐《ざんぎゃく》な事件である。著者である豊田氏の文章を読めば読むほど、人間というものはここまで残酷になれるものかと驚くしかない。それは単に被害者の数が多いというだけではない。密室の中で家族同士に殺し合いをさせ、子供に遺体の解体を手伝わせるなど、理解し難く特異な点が目立つのである。

犯行の「手口」からみても、この犯罪は不可解なところがある。主犯である松永は、元来は詐欺師《さぎし》だ。安布団《ぶとん》を高額で売りつけることが、元々の彼の商売であった。豊田氏の取材でも明らかにされたように、その後も松永は舌先三寸で「俺はいつでも松下幸之助と連絡がとれる」と自慢し、「東大卒の優秀なコンピューター技師」「NASAの研究所に呼ばれる」「小説も書いている」などとその場限りの出まかせを話し、結婚を餌《えさ》にして女性たちから大金を巻き上げている。これは典型的な詐欺師の手口である。

こうした詐欺師のイメージは、サディスティックな連続殺人とは断絶がある。詐欺師は血なまぐさい殺人を好まないし、殺人愛好者であるシリアルキラーたちは、詐欺のような手間のかかる犯罪に興味は示さない。

例外として思いつくものとして、一九六三年十月から一九六四年一月にかけて起きた西口彰事件がある。この事件は佐木隆三氏によって小説化（『復讐《ふくしゅう》するは我にあり』）されたが、発端は本書と同様に福岡県を舞台としていた。

西口は詐欺や窃盗などで服役歴はあったが、犯罪者としてはチンケな小物にすぎなかった。その彼が人が変わったようになり、大学教授や弁護士を騙《かた》って詐欺を繰り返すだけにとどまらず、福岡県、静岡県などにおいて五人もの殺人をひき起こした。この豹変《ひょうへん》ぶりは、当時の捜査官にも理解しがたいものがあった。西口の場合と同様に松永の本来の正体は、詐欺師という顔は表面的なものに過ぎず、サディスティックな殺人鬼であったのかもしれない。

海外に目を向ければ、表の顔は詐欺師である大量殺人者が散見される。その代表的な例は、一八六〇年生まれのハリー・H・ホームズである（『殺人ケースブック』コリン・ウィルソン　河出文庫）。医者であったホームズは、保険金詐欺を行うが失敗して失踪《しっそう》する。その後は結婚詐欺を生業とし数人の女性を食い物としたが、このあたりの手口は松永とよく似ている。

ホームズが交際した女性は、多くが行方不明になった。おそらく彼が殺害したのであろうが、「殺し」の味を覚えたホームズは、シカゴの町中にホテルを建設した。これはまさに「恐怖城」であった。そこには、隠し部屋、落とし戸、秘密の抜け道、地下室に続くシュートなどが備え付けられた。秘書兼タイプライターの女性応募者が来ると、ホームズは愛人にしてから彼女の財産をむしり取る。その後女性に麻酔をかけ、ガス中毒によって殺害した後、地下室で死体を解剖し、酸を使ってそれらを処分した。ホームズの犠牲者は、数十人とも百人以上とも言われている。

私が専門としている精神医学の視点からみると、主犯である松永は、ホームズらと同様に間違いなくサイコパス（精神病質）である。ドイツの精神医学者シュナイダーのオリジナルな概念によれば、「サイコパス」とは、「人格の異常性のために、自ら悩んだり、社会を悩ませるもの」と定義されているが、実際には犯罪傾向が強く反社会的行為を起こしやすい人物に対して用いられる診断名である。最近の診断基準では、「反社会性パーソナリティ障害」と呼ばれている。

サイコパスとは、精神の奇形である。サイコパスは「普通の人々」に寄生し食らいついて侵食する。本書の中では、松永の精神の突出した「奇形さ」があますことなく描写されていて、じつに興味深かった。

彼らは共感する能力を欠き、他人の感情や不幸に対して無情で冷笑的だ。それどころか、人を騙《だま》していたぶり、不幸のどん底に落とし込むことを喜んで行う。恐怖の叫び声をあげる被害者を前にして、サイコパスはせせら笑う。公判において、被害者である緒方家の人々に対してどう思うかと裁判官に聞かれた時、松永は「哀悼の意を表しますが、自分が住む場所で殺害され、大変迷惑しています！」と真顔で答えた。このように、他人の感情に冷淡でためらうことなく自分勝手な話を述べることはサイコパスの特徴である。

さらにサイコパスは、傲慢《ごうまん》でプライドが高く、自信家な上にうぬぼれが強いことが多い。口が達者で流暢《りゅうちょう》に自分に都合のよい話を語るため、一見したところ魅力的に見え、多くの人が簡単に手玉にとられる。

サイコパスの研究者であるカナダの心理学者ヘアは、彼らについて次のように語っている(『診断名サイコパス』ハヤカワ文庫)。

「サイコパスは、自分が満足感を味わうために利用するものとしてしか、他者を見ない。そして、弱くて傷つきやすい相手(彼らはそういう人間に哀れみを感じるよりも、からかいの対象として見る)が、彼らのお気に入りの対象だ」

「サイコパスは、継続的で過度な興奮を求めている。彼らは、つねに刺激的な活動がおこなわれている〝追い越し車線〟や〝崖《がけ》っぷち〟にいたいと思っている。そして、多くの場合、その活動にはルールを破ることが含まれている」

この事件の被害者たちはなぜ松永の元から逃げ出さなかったのかと疑問に思う読者も多いと思う。実際、彼らが逃亡するチャンスは何度もあったし、まして家族同士殺し合う必然性は存在していなかったはずだ。

しかし、彼らにはそれができなかった。極限的な状況に置かれた場合、人間の精神の自由度は驚くほど制限されるものである。自由意思などほとんど存在しなくなり、幻のように消えさってしまう。このような被害者の置かれた特異な精神の状況に、きちんと目を向けて切り込んだことも本書の意義の一つだろう。

長年の松永のDVによって当初共犯者とされた緒方純子も、ほとんど自分の意思や感情を持てなくなっていた。このような魂を失った操り人形のような状態を、精神医学の用語では「情動麻痺《じょうどうまひ》」と呼ぶ。緒方は自分の精神状態に関して、「連日の通電で自分がなくなったような感じになりました」と述べた。

情動麻痺が起こりやすいケースは、残忍な手段による「暴力」や「死」の目撃者や被害者となった時である。どういうことが起こるのかというと、自覚的には通常の「感情」が失われ、周囲の出来事にまったく関心がなくなってしまう。さらに自分が現実に生きているという感覚が失われ、薄いガラス板を通して世界をみているような感覚が持続することがみられる。このような症状を「離人症《りじんしょう》」という。あいつぐ肉親の無残な死と度重なる暴力によって、緒方家の人々は情動麻痺の状態に追い込まれたのであった。

戦争は、情動麻痺を起しやすい。ベトナム戦争などにおいて、多くの兵士が「死」の直接的な体験によって情動麻痺や錯乱を主な症状とする「戦争神経症（シェル・ショック）」の状態となったが、これが後にPTSD（外傷後ストレス障害）概念の原型となる。

家族の無残な「死」を演出することによって、松永は緒方家の人々を精神的に支配した。彼らは精神的にも肉体的にも松永の奴隷《どれい》となった。その結果、リンチによって家族同士が密室の中で殺し合うことになったが、ここから思い浮かぶのは連合赤軍によるリンチ殺人である。

一九七一年から翌年にかけて、武装闘争に挫折《ざせつ》し追い詰められた連合赤軍のコマンドたちは、群馬県榛名《はるな》山などの山岳ベースに集結した。そこで行われたのは、「革命」のための軍事訓練ではなく、「総括《そうかつ》」という名の仲間に対する集団リンチと粛清《しゅくせい》だった。

厳寒の冬山の中で、「革命に対する意識が不十分」と決めつけて、彼らは仲間を裸にして屋外の木に吊《つ》るして放置し、暴力で制裁を加えた。自分も加害者にならなければ逆に殺されてしまうという状況は、本事件と共通している。連合赤軍事件においても本書の松永と同様に、主犯の永田洋子は自ら手は下さずに、仲間同士でリンチを行わせていた。

本書の中で繰り返して語られているが、松永が恐怖によるコントロールのために使用した方法は、通電による電気ショックだった。実はこの方法は、元来が精神科の治療で用いられているものである。

電気ショック療法は、電気けいれん療法あるいは電撃療法とも呼ばれ、頭部に通電することによって人為的にけいれん発作を誘発させる治療法である。統合失調症などにおける精神運動興奮や希死念慮《きしねんりょ》が強い状態において有効であるが、どのようなメカニズムで効果が発現するのかは明らかではない。

この電気ショック療法は、かつて精神病院においては懲罰的に用いられることもあった。患者の暴力や規則違反が起こると、看護者たちは担当医の承諾なしに患者を保護室に隔離し、「電気」をかけた。患者が従わないときには、数名で身体を抑え込んだ。

通電されると患者は意識を失い、けいれん発作が誘発される。この場合電撃を受けると健忘が生じ、通電について記憶していないものである。しかし意識が失われない程度の電撃の際には、強い疼痛《とうつう》が生じ激しい恐怖感が伴う。このため電撃はかねてより拷問《ごうもん》の道具として用いられていた。松永はこれを実に有効に使用したのであった。

本書は、稀有《けう》な殺人鬼による類を見ない酸鼻な犯罪を詳細に報告した犯罪ドキュメンタリーの傑作であるが、加害者の残忍な犯行に驚愕《きょうがく》するとともに、このようなサイコパスの犯罪者がごく身近な市民社会の中に当たり前のように存在し、多くの人々の人生を文字通り破壊していたという事実に、あらためて理不尽さと戦慄《せんりつ》を覚えた。

（平成二十年十二月、精神科医・昭和大学准教授）

この作品は二〇〇五年十一月新潮社より刊行された。

長谷川博一著

殺人者はいかに誕生したか

―「十大凶悪事件」を獄中対話で読み解く―

世間を震撼させた凶悪事件。刑事裁判では分からない事件の「なぜ」を臨床心理士の立場から初めて解明した渾身のノンフィクション。

押川剛著

「子供を殺してください」という親たち

妄想、妄言、暴力……息子や娘がモンスター化した事例を分析することで育児や教育、そして対策を検討する衝撃のノンフィクション。

森功著

黒い看護婦

―福岡四人組保険金連続殺人―

悪女〈ワル〉たちは、金のために身近な人々を脅し、騙し、そして殺した。何が女たちを犯罪へと駆り立てたのか。傑作ドキュメント。

沢木耕太郎著

人の砂漠

一体のミイラと英語まじりのノートを残して餓死した老女を探る「おばあさんが死んだ」等、社会の片隅に生きる人々をみつめたルポ。

筑波昭著

津山三十人殺し

―日本犯罪史上空前の惨劇―

男は三十人を鏖り殺した、しかも一夜のうちに――。昭和十三年、岡山県内で起きた惨劇を詳細に追った不朽の事件ノンフィクション。

吉村昭著

羆（くまあらし）嵐

北海道の開拓村を突然恐怖のドン底に陥れた巨大な羆の出現。大正四年の事件を素材に自然の威容の前でなす術のない人間の姿を描く。

「新潮45」編集部編

殺人者はそこにいる
―逃げ切れない狂気、非情の13事件―

視線はその刹那、あなたに向けられる……。酸鼻極まる現場から人間の仮面の下に隠された姿が見える。日常に潜む「隣人」の恐怖。

「新潮45」編集部編

凶　悪
―ある死刑囚の告発―

警察にも気づかれず人を殺し、金に替える男がいる――。証言に信憑性はあるが、告発者も殺人者だった！　白熱のノンフィクション。

石井光太著

絶対貧困
―世界リアル貧困学講義―

「貧しさ」はあまりにも画一的に語られていないか。スラムの生活にも喜怒哀楽あふれる人間の営みがある。貧困の実相に迫る全14講。

石井光太著

43回の殺意
―川崎中1男子生徒殺害事件の深層―

全身を四十三カ所も刺され全裸で息絶えた少年。冬の冷たい闇に閉ざされた多摩川の河川敷で何が起きたのか。事件の深層を追究する。

石井光太著

遺　体
―震災、津波の果てに―

東日本大震災で壊滅的被害を受けた釜石市。人々はいかにして死と向き合ったのか。遺体安置所の極限状態を綴ったルポルタージュ。

石井光太著

「鬼畜」の家
―わが子を殺す親たち―

ゴミ屋敷でミイラ化。赤ん坊を産んでは消し、ウサギ用ケージで監禁、窒息死……。家庭という密室で殺される子供を追う衝撃のルポ。

最相葉月著

セラピスト

心の病はどのように治るのか。河合隼雄と中井久夫、二つの巨星を見つめ、治療のあり方に迫る。現代人必読の傑作ドキュメンタリー。

國分功一郎著

暇と退屈の倫理学

紀伊國屋じんぶん大賞受賞

暇とは何か。人間はなぜ退屈するのか。スピノザ、ハイデッガー、ニーチェら先人たちの教えを読み解きどう生きるべきかを思索する。

福田ますみ著

でっちあげ

―福岡「殺人教師」事件の真相―

新潮ドキュメント賞受賞

史上最悪の殺人教師と報じられた体罰事件は、後に、児童両親によるでっちあげであることが明らかになる。傑作ノンフィクション。

NHK「東海村臨界事故」取材班

朽ちていった命

―被曝治療83日間の記録―

大量の放射線を浴びた瞬間から、彼の体は壊れていった。再生をやめ次第に朽ちていく命と、前例なき治療を続ける医者たちの苦悩。

NHKスペシャル取材班著

日本海軍400時間の証言

―軍令部・参謀たちが語った敗戦―

開戦の真相、特攻への道、戦犯裁判。「海軍反省会」録音に刻まれた肉声から、海軍、そして日本組織の本質的な問題点が浮かび上がる。

NHKスペシャル取材班編著

日本人はなぜ戦争へと向かったのか

―外交・陸軍編―

肉声証言テープ等の新資料、国内外の研究成果をもとに、開戦へと向かった日本を徹底検証。列強の動きを読み違えた開戦前夜の真相。

NHKスペシャル取材班著

未解決事件
グリコ・森永事件
捜査員300人の証言

警察はなぜ敗北したのか。元捜査関係者たちが重い口を開く。無念の証言と極秘資料をもとに、史上空前の劇場型犯罪の深層に迫る。

「週刊新潮」編集部編

黒い報告書

いつの世も男女を惑わすのは色と欲。城山三郎、水上勉、重松清、岩井志麻子ら著名作家が描いてきた「週刊新潮」の名物連載傑作選。

木田元著

反哲学入門

なぜ日本人は哲学に理解しづらいという印象を持つのだろうか。いわゆる西洋哲学を根本から見直す反哲学。その真髄を説いた名著。

畠山清行著
保阪正康編

秘録 陸軍中野学校

日本諜報の原点がここにある——昭和十三年、秘密裏に誕生した工作員養成機関の実態とは。その全貌と情報戦の真実に迫った傑作実録。

佐藤優著

国家の罠
—外務省のラスプーチンと呼ばれて—
毎日出版文化賞特別賞受賞

対ロ外交の最前線を支えた男は、なぜ逮捕されなければならなかったのか？　鈴木宗男事件を巡る「国策捜査」の真相を明かす衝撃作。

黒川伊保子著

「話が通じない」の正体
—共感障害という謎—

上司は分かってくれない。部下は分かろうとしない——。全て「共感障害」が原因だった！　脳の認識の違いから人間関係を紐解く。

角幡唯介著　漂流

37日間海上を漂流し、奇跡的に生還しながらふたたび漁に出ていった漁師。その壮絶な生き様を描き尽くした超弩級ノンフィクション。

NHKスペシャル取材班著　高校生ワーキングプア　—「見えない貧困」の真実—

進学に必要な奨学金、生きるためのアルバイト……「働かなければ学べない」日本の高校生の実情に迫った、切実なルポルタージュ。

小倉美恵子著　オオカミの護符

「オイヌさま」に導かれて、謎解きの旅へ——川崎市の農家で目にした一枚の護符を手がかりに、山岳信仰の世界に触れる名著！

井上理津子著　さいごの色街　飛田

今なお遊郭の名残りを留める大阪・飛田。この街で生きる人々を十二年の長きに亘り取材したルポルタージュの傑作。待望の文庫化。

最相葉月著　絶対音感　小学館ノンフィクション大賞受賞

それは天才音楽家に必須の能力なのか？　音楽を志す誰もが欲しがるその能力の謎を探り、音楽の本質に迫るノンフィクション。

磯部涼著　ルポ川崎

ここは地獄か、夢の叶う街か？　高齢化やヘイト問題など日本の未来の縮図とも言える都市の姿を活写した先鋭的ドキュメンタリー。

小林昌平
山本周嗣著
水野敬也

ウケる技術

ビジネス、恋愛で勝つために、「笑い」ほど強力なツールはない。今日からあなたも変身可能、史上初の使える「笑いの教則本」！

門田隆将著

なぜ君は絶望と闘えたのか
―本村洋の3300日―

愛する妻子が惨殺された。だが、犯人は少年法に守られている。果たして正義はどこにあるのか。青年の義憤が社会を動かしていく。

清水潔著

桶川ストーカー殺人事件 遺言

「詩織は小松と警察に殺されたんです……」悲痛な叫びに答え、ひとりの週刊誌記者が真相を暴いた。事件ノンフィクションの金字塔。

青木冨貴子著

731
―石井四郎と細菌戦部隊の闇を暴く―

731部隊石井隊長の直筆ノートには、GHQとの驚くべき駆け引きが記されていた。戦後の混乱期に隠蔽された、日米関係の真実！

梯久美子著

散るぞ悲しき
―硫黄島総指揮官・栗林忠道―
大宅壮一ノンフィクション賞受賞

地獄の硫黄島で、玉砕を禁じ、生きて一人でも多くの敵を倒せと命じた指揮官の姿を、妻子に宛てた手紙41通を通して描く感涙の記録。

岩波明著

心に狂いが生じるとき
―精神科医の症例報告―

その狂いは、最初は小さなものだった……。アルコール依存やうつ病から統合失調症まで、精神疾患の「現実」と「現在」を現役医師が報告。

池谷裕二
糸井重里著

海馬
―脳は疲れない―

脳と記憶に関する、目からウロコの集中対談。「物忘れは老化のせいではない」「30歳から頭はよくなる」など、人間賛歌に満ちた一冊。

池谷裕二著

脳はなにかと言い訳する
―人は幸せになるようにできていた!?―

「脳」のしくみを知れば仕事や恋のストレスも氷解。「海馬」の研究者が身近な具体例で分りやすく解説した脳科学エッセイ決定版。

池谷裕二著

受験脳の作り方
―脳科学で考える効率的学習法―

脳は、記憶を忘れるようにできている。そのしくみを正しく理解して、受験に克とう！――気鋭の脳研究者が考える、最強学習法。

稲垣栄洋著

一晩置いたカレーはなぜおいしいのか
―食材と料理のサイエンス―

カレーやチャーハン、ざるそば、お好み焼きなど身近な料理に隠された「おいしさの秘密」を、食材を手掛かりに科学的に解き明かす。

国分拓著

ヤノマミ
大宅壮一ノンフィクション賞受賞

僕たちは深い森の中で、ひたすら耳を澄ました――。アマゾンで、今なお原初の暮らしを営む先住民との150日間もの同居の記録。

河合隼雄著

いじめと不登校

個性を大事にしようと思ったら、ちょっと教えるのをやめて待てばいいんです――この困難な時代に、今こそ聞きたい河合隼雄の言葉。

長江俊和著
出版禁止
女はなぜ〝心中〟から生還したのか。封印された謎の「ルポ」とは。おぞましい展開と、息を呑むどんでん返し。戦慄のミステリー。

長江俊和著
掲載禁止
人が死ぬところを見たくありませんか……。大ベストセラー『出版禁止』の著者が放つ、謎と仕掛けの5連発。歪み度最凶の作品集！

望月諒子著
蟻の棲み家
売春をしていた二人の女性が殺された。三人目の殺害予告をした犯人からは、「身代金」が要求され……木部美智子の謎解きが始まる。

望月諒子著
殺人者
相次ぐ猟奇殺人。警察に先んじ「謎の女」へと迫る木部美智子を待っていたのは⁉　承認欲求、毒親など心の闇を描く傑作ミステリー。

松本清張著
黒革の手帖（上・下）
横領金を資本に銀座のママに転身したベテラン女子行員。夜の紳士を相手に、次の獲物をねらう彼女の前にたちふさがるものは――。

松本清張著
なぜ「星図」が開いていたか
―初期ミステリ傑作集―
清張ミステリはここから始まった。メディアと犯罪を融合させた「顔」、心臓麻痺で急死した教員の謎を追う表題作など本格推理八編。

消《け》された一家《いっか》

—北九州・連続監禁殺人事件—

新潮文庫　と－19－1

平成二十一年二月一日発行
令和五年四月十五日二十七刷

著者　豊《とよ》田《だ》正《まさ》義《よし》

発行者　佐藤隆信

発行所　株式会社新潮社

郵便番号　一六二―八七一一
東京都新宿区矢来町七一
電話　編集部(〇三)三二六六―五四四〇
　　　読者係(〇三)三二六六―五一一一
https://www.shinchosha.co.jp

価格はカバーに表示してあります。

乱丁・落丁本は、ご面倒ですが小社読者係宛ご送付ください。送料小社負担にてお取替えいたします。

印刷・株式会社光邦　製本・株式会社大進堂

ISBN978-4-10-136851-1 C0195